"南海Ⅰ号"船说
——从中国水下考古看海上丝绸之路

魏峻 著

Nanhai I Shipwreck

南方传媒
全国优秀出版社
全国百佳图书出版单位
·广州·
广东教育出版社

图书在版编目（CIP）数据

"南海Ⅰ号"船说：从中国水下考古看海上丝绸之路/魏峻著．—广州：广东教育出版社，2023.12（2024.1重印）

ISBN 978-7-5548-5579-9

Ⅰ.①南… Ⅱ.①魏… Ⅲ.①南海—沉船—考古发掘—阳江—宋代 ②海上运输—丝绸之路—历史—中国 Ⅳ.① K875.35 ② K203

中国国家版本馆 CIP 数据核字 (2023) 第 222173 号

"南海Ⅰ号"船说——从中国水下考古看海上丝绸之路
"NANHAI Ⅰ HAO" CHUANSHUO —— CONG ZHONGGUO SHUIXIA KAOGU KAN HAISHANG SICHOUZHILU

出 版 人：朱文清
出版统筹：李朝明　卞晓琰　夏　丰
特约审稿：萧宿荣
策划编辑：刘　帅
责任编辑：刘　帅　黄　智　姚光辉
营销策划：周　莉　卢颖璇　姚光辉
责任技编：杨启承
装帧设计：张绮华　李玉玺
责任校对：黎飞婷
出版发行：广东教育出版社
　　　　　（广州市环市东路 472 号 12—15 楼 邮政编码：510075）
销售热线：020-87615809
网　　址：http://www.gjs.cn
E-mail：gjs-quality@nfcb.com.cn
经　　销：广东新华发行集团股份有限公司
印　　刷：广州信源文化科技有限公司（广州市番禺区大龙街竹山工业路 57 号）
规　　格：787 mm×1092 mm　1/16
印　　张：17.5
字　　数：350 千
版　　次：2023 年 12 月第 1 版　2024 年 1 月第 2 次印刷
定　　价：88.00 元
审 图 号：GS（2023）4255 号

版权所有　翻印必究

如发现因印装质量问题影响阅读，请与本社联系调换（电话：020-87613102）

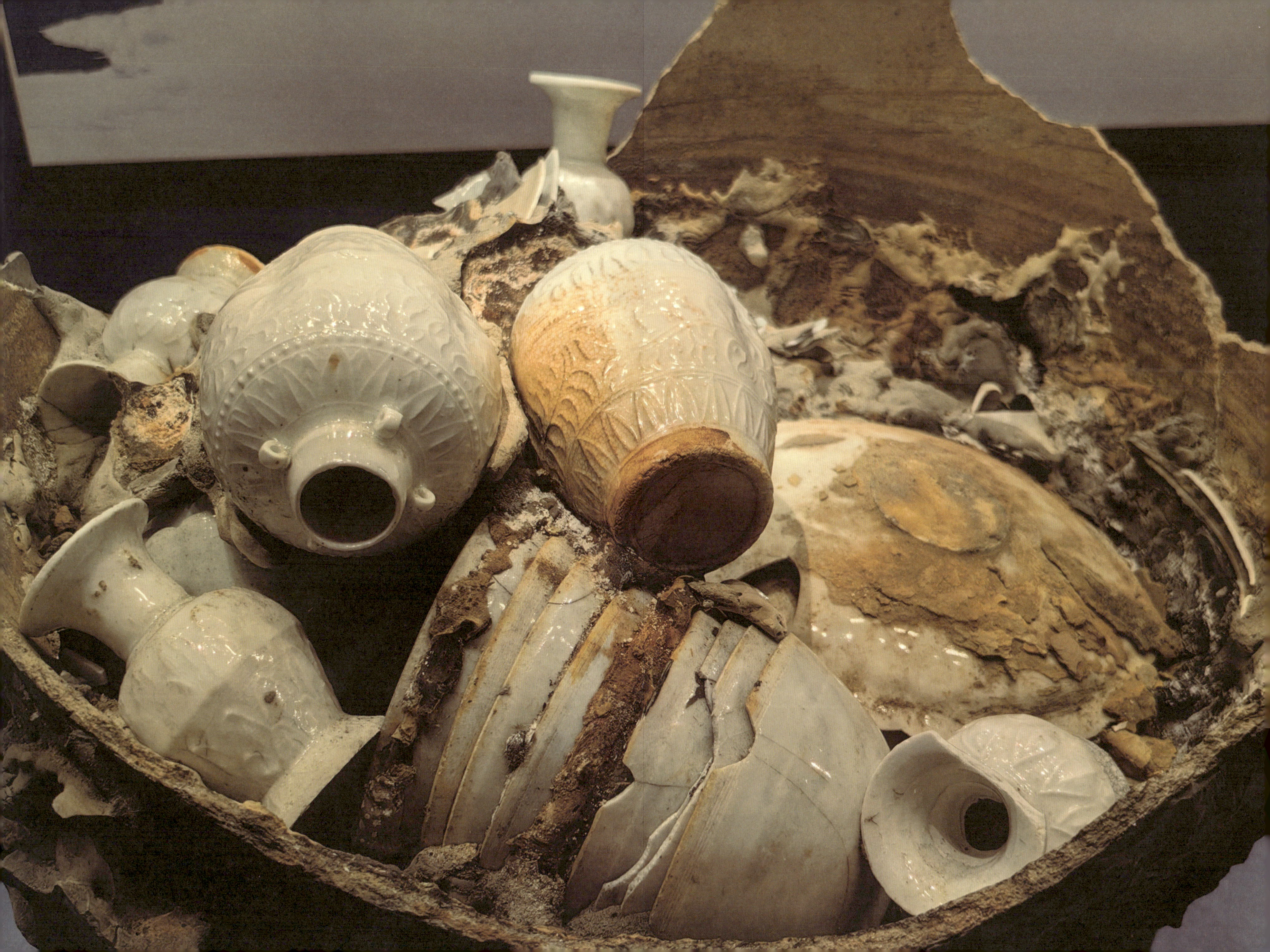

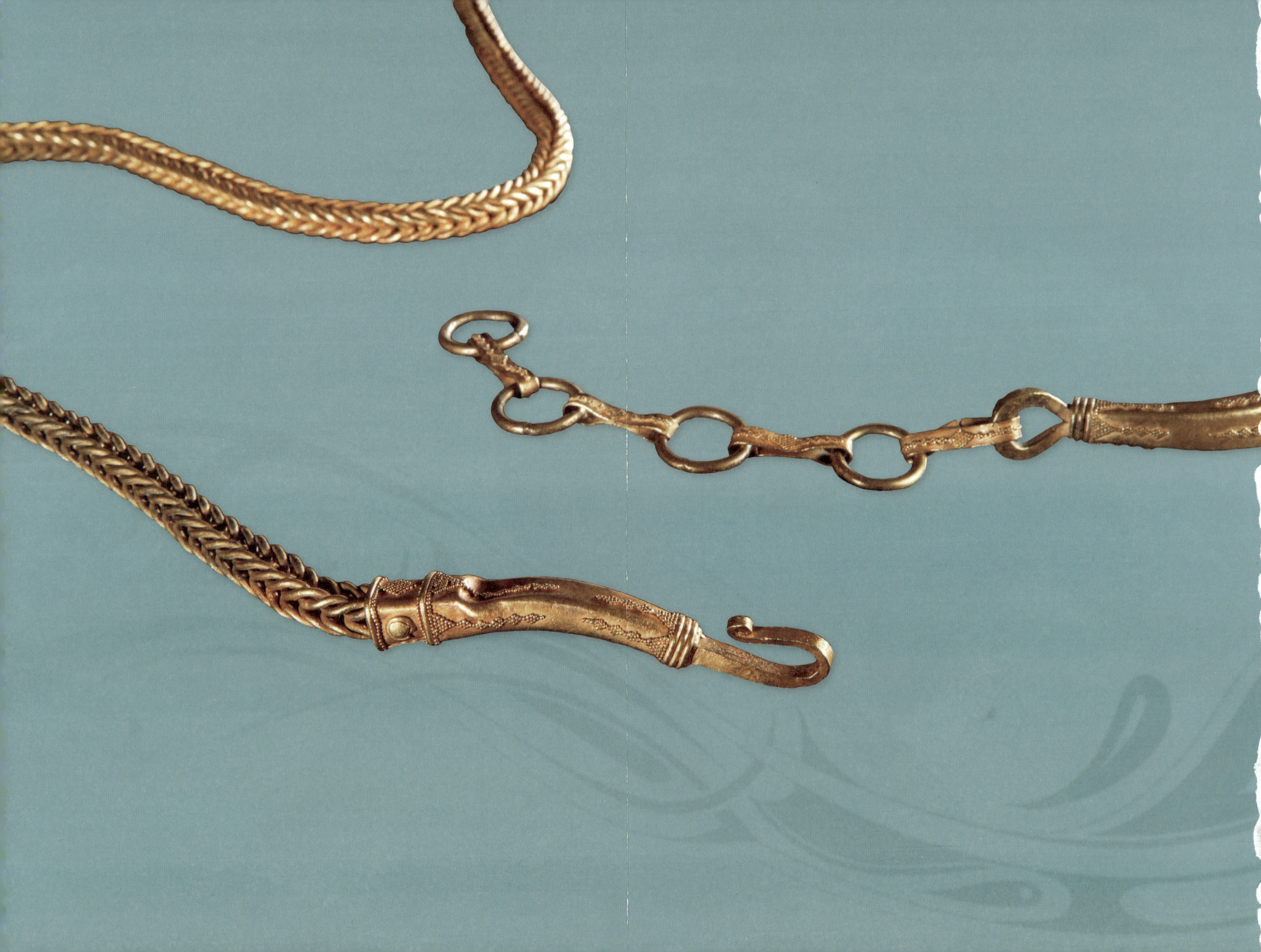

目录

从800余年前的一次祭祀活动谈起 / 001

005　壹　发现篇
第1节　寻找"莱茵堡"号 / 006
第2节　中国水下考古诞生 / 015
第3节　重新定位"南海Ⅰ号" / 032
第4节　四次考古探测 / 038

049　贰　打捞篇
第1节　殷墟遗址YH127考古的启示 / 050
第2节　借鉴"瓦萨"号考古 / 057
第3节　打捞方案出台 / 062
第4节　清理周边文物 / 071
第5节　安放金属沉井 / 079
第6节　沉船出沧海 / 087
第7节　入驻"水晶宫" / 096

105　叁　考古篇
第1节　"水晶宫"里的创新发掘 / 106
第2节　海贸沉船现真容 / 120
第3节　中国方案："南海Ⅰ号"的水下考古与文化遗产保护 / 140

目录

149 肆　货物篇
第 1 节　中国瓷器销万里 / 150
第 2 节　外销的金属与美酒 / 183
第 3 节　"世界货币"通有无 / 190
第 4 节　进口的香料和药材 / 205

211 伍　海贸篇
第 1 节　绵亘万里的海上通衢 / 212
第 2 节　海丝商贸的"发动机" / 215
第 3 节　造船与航海技术大发展 / 225
第 4 节　海上的生活 / 241
第 5 节　破解"南海Ⅰ号"之谜 / 259

尾　语 / 266
后　记 / 269

从 800 余年前的一次祭祀活动谈起

泉州郡守司马伋完全没有想到,他在大宋淳熙十年(1183)十一月二十四日的一次公务活动将会被历史永远铭记。天光微明之时,这位司马光的曾孙就带领着泉州市舶提举林劭等一帮同僚赶到了泉州城西的延福寺。按照朝廷的规定,他们要在这座寺庙里拜祭海神通远王,祈求海神保佑风调雨顺,海定波宁。朝廷非常重视这项祭祀活动,因为"波涛晏清、舳舻安行"不仅能为当地的生产生活提供天时之利,更重要的是为了保障作为朝廷重要财政来源的海洋贸易顺利开展。故而,朝廷明令广南东路、两浙路、福建路等市舶司所在地的官员都要组织"祈风"祭祀活动。沿海各地民众信仰的海神并不一致,比如广南东路的广州祭祀南海神广利王、两浙路的明州祭祀东海神广德王,而福建路对于通远王、天后(天妃)有着广泛的信仰基础。在泉州一带,人们相信通远王虽然是山神出生,但后来法术精进,成为一方非常灵验的海神,向他虔诚祈祷有关水旱灾害、疾病、远航的事情都能得到庇佑。相传北宋仁宗年间,泉州出现大旱,郡守蔡襄来寺中向通远王祈雨,很快天降甘霖解决了旱情。蔡襄感念祈雨有应,便奏请朝廷加封通远王为善利王,不久又加封至广福王。可以说,这位通远王被认为是在玄天上帝和妈祖信仰兴起之前,福建沿海地区最为灵验的海上保护神。

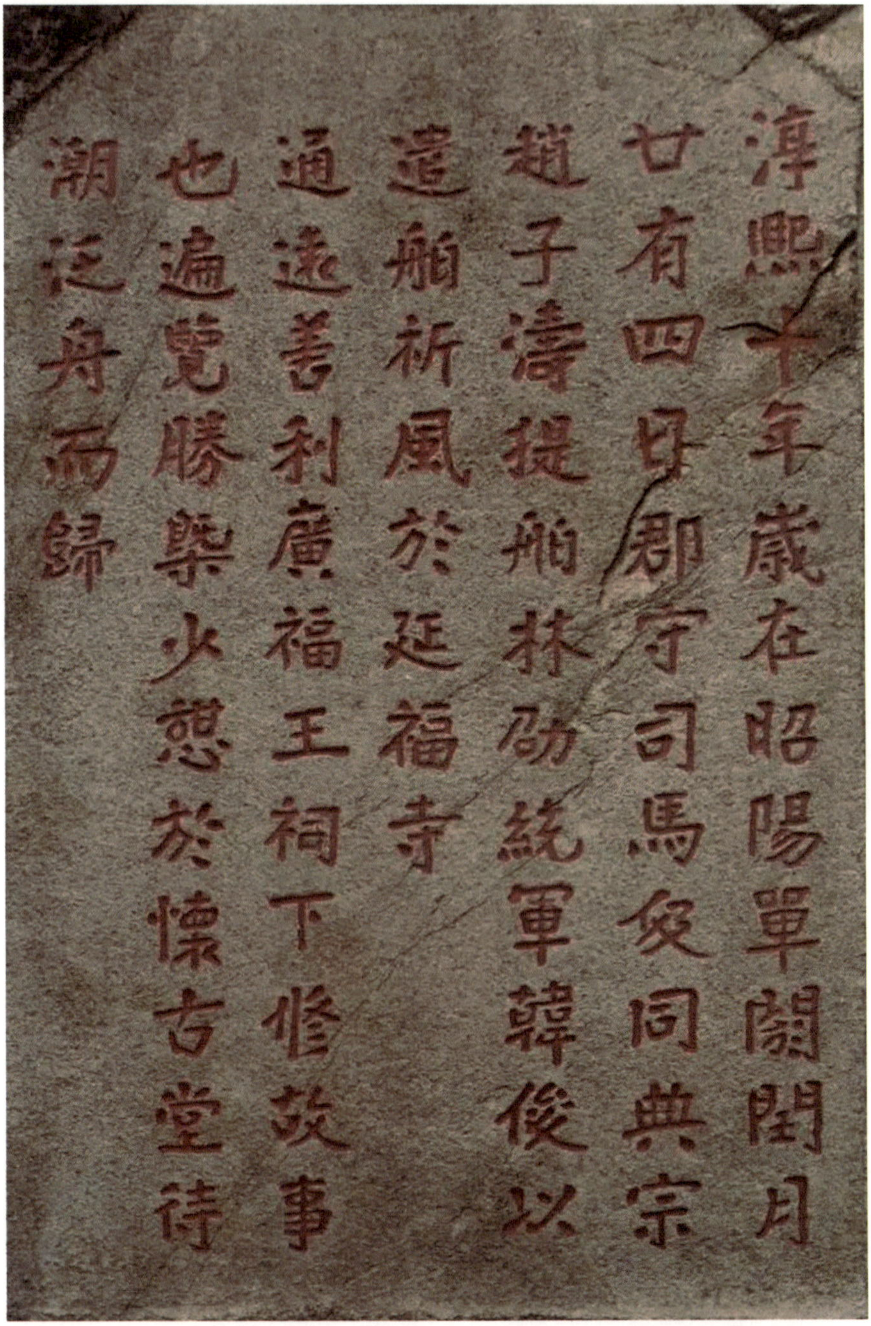

淳熙十年歲在昭陽單閼閏月
廿有四日郡守司馬伋同典宗
趙子濤提舶林劭統軍韓俊以
遣舶祈風於延福寺
通遠善利廣福王祠下修故事
也遍覽勝槩火燖於懷古堂待
潮泛舟而歸

图1 淳熙十年（1183）祈风石刻

两宋王朝与北方地区契丹、女真、党项建立的政权长期对峙，隋唐时期连通中国与中亚、西亚的陆上丝绸之路被阻断，东西方之间经由陆路进行的货物交易和人员往来断绝。为了维持政府的财政和军备开支，以及向北方政权支付数量巨大的"岁币"，宋王朝把扩大海洋贸易作为增加收入的重要手段，宋高宗赵构就很直白地对臣下说："市舶之利最厚，若措置得宜，所得动以百万计。"朝廷在拓展与海外的贸易方面投入了极大精力，不仅派遣使者去海外"招商"，还在沿海地区的广州、泉州、明州等地设置市舶司，专门管理海洋贸易和使节往来事务。特别是福建路的泉州这座著名的港口城市，地方行政长官郡守、管理海洋贸易事务的市舶提举等官员每年夏四月和冬十月或十一月要各去一次延福寺的通远王祠祭拜，分别进行"回舶祈风"和"遣舶祈风"仪式，祈求外商远来和商人出海都能平安顺利。

有文人描述延福寺外"车马之迹盈其庭，水陆之物充其俎"，祭祀现场人山人海，非常热闹。虽然祭祀过程繁缛冗长，但看得出主祭的司马伋大人心情愉悦。祭祀结束后，他邀请同僚一起游览了附近的优美风景。后来，他还让人将这次祭祀活动刻石记录在泉州郊外九日山的崖壁之上（图1）：

> 淳熙十年，岁在昭阳单阏闰月廿有四日。郡守司马伋，同典宗赵子涛、提舶林劭、统军韩俊，以遣舶祈风于延福寺通远、善利、广福王祠下，修故事也。遍览胜概，少憩于怀古堂，待潮泛舟而归。

在登舟踏潮尽兴而还的司马大人看来，完成祈风祭拜后，法力无边的通远王自然会彰显灵应，确保海商能够"顺风扬帆，一日千里"。然而，一艘当日从泉州出发的商船却似乎没能享受到这份福运，它在更南方的广州补充了一些铁器和美酒后继续南行，随即消失在茫茫大海之中。谁也没想到，再次听到有关这艘商船的消息，已跨越过800余年的时光，直到1987年的那个春天……

20 世纪 80 年代中期，一场在荷兰阿姆斯特丹举办的中国文物大型拍卖活动引起了全世界的高度关注。一批来自南中国海海域的古代文物在为商业打捞者赢得巨额财富的同时，也意味着水下文化遗产本身已遭遇灭顶之灾。尽快加强对我国管辖海域水下文化遗产的管理和保护工作成为中国政府和考古专家们的共识。恰在此时，一项中外合作寻找 18 世纪荷兰东印度公司沉船的行动也有了意想不到的发现，调查人员使用水下抓斗从海底打捞出了精美的瓷器和长达 1.7 米的黄金项链。闻讯赶来的考古专家对出水文物进行鉴定后确定它们应该来自一艘宋元时期的古代沉船。围绕着这艘后来被命名为"南海Ⅰ号"的沉船的考古和保护，中国的水下考古事业正式拉开了序幕。

壹 发现篇

第 1 节

寻找"莱茵堡"号

　　1987年初,当中国北方仍然春寒料峭之际,南方的广州却早已花团锦簇,美丽的风景和适宜的温度让这座滨海城市中的每个人都充满了活力。在一个阳光明媚的上午,一位西装革履的高个子外国人来到位于广州市海珠区的交通部(现中华人民共和国交通运输部)广州救捞局办公楼,他向办公楼门口的值班人员声称,自己是英国海洋探索与救援有限公司(Maritime Exploration & Recoveries PLC)的创始人罗伊·马丁(Roy Martin),这次专门前来拜访广州救捞局领导,希望商讨一项神秘的合作业务。无论值班人员怎么询问,马丁先生都不肯说出合作业务的具体内容,只是不停强调如果见不到广州救捞局的领导绝不会透露任何信息。当时,我国改革开放已经进入第9个年头,在广州街头见到外国人不足为奇,但是外国人主动上门来要求洽谈合作业务还不算太多,按照外事工作的相关要求需要认真对待。于是,值班人员立即向局领导进行了简要汇报并把马丁带到了会客室。直至见到广州救捞局的外事负责人后,马丁才详细说明了自己的来意。

原来这位出生在英国南安普顿的马丁是一位资深海员，曾受雇于一家老牌的海洋打捞公司，负责东南亚地区的沉船打捞业务。退休后，他自己注册成立了英国海洋探索与救援有限公司，在全世界范围内搜寻并打捞具有商业价值的沉船。马丁称自己系统研究过17—19世纪珠江口附近的沉船资料，已经掌握了300多艘具有打捞价值的沉船信息，希望在中国找一个能够长期合作的业务伙伴，共同开展打捞沉船工作，以获取经济回报。为了展现自己的诚意，马丁表示可以共享一艘沉没在广东上下川岛附近的荷兰东印度公司商船——"莱茵堡"号（Rijnsburg）的信息，协商进行合作打捞。同时，马丁还说自己不仅掌握了这艘沉船的大致地点，而且拥有当时世界上最先进的商用声呐设备及金属探测仪，能够使寻找沉船的工作更加顺利。

在国际上，打捞沉船是一项非常有利可图的事。早在17世纪，欧洲国家已经有商业公司尝试使用潜水钟和重潜技术在港口附近搜寻沉船和打捞船货。随着潜水装备和水下探测技术的不断进步，20世纪之后，沉船打捞业务从港口和海岸附近扩展到离岸更远、水深更深的海域，成功打捞出的沉船也涵盖了从古代到当代的各种类型。商业打捞者们普遍认识到，一旦发现并成功打捞沉船，特别是那些装载着大量商品和货币的古代船舶，将会带来丰厚经济回报。因而，打捞者趋之若鹜，在全世界范围内寻找沉船。这些打捞行为虽然给打捞者带来了大量的经济收益，但是对海洋中的古代沉船来说却是灭顶之灾，因为大量古代沉船被打捞者破坏。为了遏制对具有历史、文化价值的古沉船的无序破坏行为，欧美主要沿海国家从20世纪六七十年代开始纷纷出台海洋文物保护法律，保护自己管辖海域的文物不受劫掠。以盈利为目的的沉船商业打捞行为在西方发达国家管辖海域受到了极大限制。于是，大批国际打捞公司和个人寻宝者把目光投向了当时在水下文物保护立法方面还极不完备的亚洲和拉丁美洲地区，特别是东南亚和南中国海海域。这里曾是"海上丝绸之路"上的商船、航路汇聚之处，沉船数量众多且船货大多数具有较高的经济价值，加上一些被刻意宣传的通过沉船打捞"成功"致富的故事，让这里成为海洋打捞者垂涎的宝库。

马丁具有丰富的海洋打捞经验，并且在东南亚海域工作多年，自然也不愿意放过这样的机会。他查阅了大量荷兰东印度公司的档案资料，并结合当时的生还者描述和新闻报道，锁定若干艘东印度公司的沉船，其中就包括18世纪后期沉没的商船"莱茵堡"号。

1602年，欧洲新兴的荷兰共和国议会决定授予新成立的荷兰东印度公司贸易垄断权，以控制印度洋和太平洋海域的贸易活动。除了贸易权，荷兰东印度公司还被赋予了在东方贸易地建筑城堡，指派长官，扩充武装，甚至与其他国家缔结合约等特权。利用这些特权，荷兰东印度公司迅速提升了自身的实力，并以其东方总部巴达维亚（今印度尼西亚雅加达）为中心建立起庞大的殖民贸易体系。根据文献记载，在17世纪前60年，荷兰东印度公司向亚洲水域派船次数超过30000次，涵盖了700多个目的地，为荷兰共和国赢得了"海上马车夫"的称号。为了增强航运能力，提升自己在东方地区海洋贸易中的竞争力，荷兰东印度公司在1765年决定新建数艘远洋商船。作为荷兰六大造船基地之一的泽兰（Zeeland）造船厂承接了造船任务，并很快建成一艘长42米、排水量达到850吨的商船"莱茵堡"号。1768年7月，"莱茵堡"号商船被派往遥远的东方，承担起巴达维亚和荷兰共和国本土之间的货运任务。1771年秋季，"莱茵堡"号的船长罗伊洛夫·斯科特（Roelof Schot）接到公司总部的命令，要把一批金属货物运回欧洲，但是在此之前需要先去澳门、孟加拉两地完成其他两项商业任务。对于这次航行，斯科特船长并没有特别在意，因为他已经带领"莱茵堡"号完成了3次横跨半个地球的远航，拥有丰富的航海经验。1771年10月，已经航行到距离澳门不远的上下川岛西侧海域的"莱茵堡"号遭遇台风袭击，船舶触礁沉没。"莱茵堡"号的船员中，只有船上的大副与另外4名船员凭借船舶沉没前幸运找到的几块漂浮物而死里逃生。后来，这几位被当地渔民救起的船员在澳门搭乘英国商船返回欧洲。荷兰东印度公司的一份档案详细记录了这5位幸存者对"莱茵堡"号沉船事件的描述，包括航行的基本情况，遇到台风时的船上应对措施，触礁时的情况，以及他们的逃生经过。根据他们对触礁时周边海洋环境的描述，可以判断当时"莱茵堡"号应该位于下川岛以西，即现在广东省阳江市东平镇对出海面的大、小帆石附近。这里距离珠江入海口约102海里，海水深度为24～26米。

查询到"莱茵堡"号海难报告的马丁按捺不住心中的狂喜，他在荷兰东印度公司的历史档案中不仅了解到"莱茵堡"号触礁时的更多细节，而且根据档案所附派船记录，知道了船上所载货物的详细数据，"385.5吨锡锭、6箱白银，以及130多吨胡椒、可可、布匹等货物"。如果能找到"莱茵堡"号并把船上的金属货物打捞出来拍卖，显然会得到一笔不菲的财富。于是，马丁立即赶来中国，尝试向广州救捞局提出合作寻找并打捞"莱茵堡"号的建议，因为他知道没有中国政府的同意和中国国有专业救捞机构的参与，是不可能实施这个商业打捞项目的。

与广州救捞局洽谈合作也是马丁精心选择的。他从香港朋友那里得知，根据中国政府颁布的沉船打捞管理办法，在中国管辖海域进行的沉船勘测和打捞活动必须委托交通部救捞专业机构实施。也就是说，如果不跟交通部下属的机构合作，寻找和打捞"莱茵堡"号的计划根本无法推进。在当时，交通部下属的专业救捞机构主要是烟台救捞局、上海救捞局和广州救捞局三家，分别负责黄渤海、东海、南海海域的海洋救助打捞、海洋工程施工及潜水培训工作。这三家救捞机构都拥有雄厚的实力。因为"莱茵堡"号沉没在南海北部海域，马丁决定直接与广州救捞局联系。

在听完马丁的介绍及其合作意向后，广州救捞局的外事部门负责人意识到此事较为复杂且不好处理。因为广州救捞局之前承接的都是国内的客户委托或者交通部直接指定的现代船只救助打捞任务，与外国公司合作打捞200多年前的沉船还没有先例。广州救捞局领导随即就此事召开专题会议，决定把马丁的合作意向向上级主管部门——交通部汇报。交通部批复：如果联合打捞项目能得到军事和文物等相关部门的同意，从引进先进技术的角度考虑，可以与外方合作开展"莱茵堡"号的勘探和打捞工作。经过多方努力，最终得到了中外合作开展"莱茵堡"号的打捞许可。

接下来，广州救捞局与马丁团队的代表进行了一个多月的谈判，围绕各自的权利、义务据理力争。1987年6月，双方最终达成一致意向并在北京的燕京饭店签署了协议，合作寻找、打捞包括"莱茵堡"号在内的两艘荷兰东印度公司沉船。协议明确了打捞工作必须接受中方监管；除协议中约定的沉船外不得打捞其他沉船；如果在打捞过程中发现文物应无偿交给中方等权责。

虽然沉船体量不小，但在茫茫大海中搜寻起来仍然困难重重，即使马丁团队已经掌握了一些线索。但在没有明确地理坐标的情况下，合作双方都知道想顺利找到沉船并不容易。在大海中寻找"莱茵堡"号，显然不能依靠潜水员去进行漫无目的的水下人工搜寻，所以英方提供了多种先进的商用水下探测设备，包括定位仪、声呐和金属探测仪等。1987年7月10日，英国海洋探索与救援有限公司的技术员带着探测设备来到深圳蛇口码头，登上了早已等候在那里的广州救捞局"穗救207"号拖轮，一起奔赴下川岛海域，寻找"莱茵堡"号的工作正式拉开了序幕。

到达预定水域后，工作人员没有立即开始探测，而是先乘坐快艇到附近岛屿上架设定位仪，建立探测坐标。因为海洋探测不是随意而为的撞大运，需要有明确的测量规划。具体做法是工作人员根据探测需要划定测量区域，然后在区域内为探测设备设定测线，最终获得探测数据。在寻找"莱茵堡"号的项目中，因为探测区域范围很大，工作人员依托已建起来的坐标系统，把探测海域划分成边长为2千米左右的探测小区，然后在小区内规划出间隔50米左右的平行测线，引导工作船拖拽探测设备沿测线航行，到达探测区一端后折返，沿第二条测线进行探测。如此往返测量，一个小区测好后就转入另一个小区，直至覆盖整个探测区域。

英方带来的探测设备中，最先进的是侧扫声呐（Side-scan Sonar）。声呐是20世纪初由英国海军发明的，当时主要用于军事领域。声呐是一种利用声波在水下的传播特性，通过电声转换和信息处理，从而完成水下探测任务的电子设备，分为主动式声呐和被动式声呐两种类型。主动式声呐能主动向外界发射定向声波，当声波接触到水下目标后产生回波，声呐中的接收装置接收回波，计算其时间、幅度、相位等指标，测算出被探测物体的外形、大小和运动状态等信息。如果海底有沉船且凸出海床，声呐就能很好地绘制出它的外形轮廓。被动式声呐的出现早于主动式声呐，是一种通过被动接收舰船等水中目标产生的辐射噪声和设备信号，来测算目标的位置和某些特性的设备。声呐的发明借鉴了仿生学的研究成果，自然界中的蝙蝠、鲸鱼等动物都掌握着类似的声波探测技能。此次寻找"莱茵堡"号的声呐是主动式声呐。当然，使用声呐探测海底沉船也是有局限性的。比如说，当沉船被深埋在海床之下而没有形成海底凸起时，声呐探测就很难发现目标。为了增加探测的成功率，针对"莱茵堡"号上装载有大量金属货品的情况，英方还特地准备了金属探测仪。这种仪器的工作原理是通过发射电磁波来激发被探测物体内部的涡电流变化，进而引起磁场扰动并触发金属探测仪报警。运用各种探测设备先行勘探，显然可以最大限度地提高工作效率，节省人力。当探测设备发现水下疑点之后，再派遣潜水员进行探摸或者采用其他方式确定水下疑点的性质，可以达到事半功倍的效果。

原以为搜寻"莱茵堡"号的工作将会非常顺利，不料半个月下来，一点有用的沉船线索都没有找到。虽然在这段时间里，声呐探测也发现过一些水下疑点，其中一个更是呈现出船体轮廓，甚至潜水员还采集回来一些木质船体构件。让人遗憾的是，木板上残留的铁铆钉表明它是一艘现代渔船，与"莱茵堡"号毫不相干。

探测工作的转机意外降临在探测进行了20多天后，声呐接收器突然显示出海床上有一个面积不大的凸起物。对此，英方技术员并没有太注意，因为这个凸起物实在太小了，跟"莱茵堡"号40多米的庞大体量有着天壤之别。然而，负责此次探测任务的广州救捞局现场总指挥尹干洪正好在监控室，也看到了接收器上的这个海底影像。长期的打捞经

图 1-1
1987 年出水的
陶瓷器与金饰

图 1-2
1987 年出水的锡壶

图 1-3
1987出水的带墨书
"郑知客"的瓷器

验使他坚持认为这个小凸起在被泥沙淤平的海床上很是突兀，提出把工作船开回去，让潜水员到海底实地探摸。潜水员很快从海底返回，报告说在海底摸到一个长约 2 米，高出海床 0.5 米的礁石状物体。由于这个物体胶结得很厉害，没法判断是什么东西，他费尽力气才从上面抠下了一小块。经过辨认，这块物体虽然糟朽得很厉害，但可以看出是有着明显人为加工痕迹的一小截木块，技术人员判断这个木块或许跟沉船有关。经过简单商量，中英双方负责人一致同意使用水下抓斗多捞些样本上来。当巨大的抓斗把海底堆积物抓起并倾倒在工作船甲板上时，在场所有人的眼睛都亮了。因为，散落在甲板上的泥沙中包含有大量陶瓷碎片以及一段木桅杆，显然这些都与沉船有关。更大的惊喜随之而来，当人们用水枪冲开大团的泥沙时，一位眼尖的工作人员忽然看到淤泥中有条闪闪发亮的东西。他用手一扯，却越扯越长，最终拉出来一条 1.7 米长的金链子。这位工作人员或许会激动于如此大件金器的发现，或许会震撼于它的制作精美，但是当时的他一定不会想到自己随手拉出来的文物，竟牵出了一个惊天的海底宝藏，而该宝藏又将给中国的水下文物保护事业带来巨大的改变。金链子在很长一段时间里被叫作"鎏金腰带"，是那艘后来被命名为"南海Ⅰ号"的古沉船上最有代表性的"网红"文物之一。现在，这件文物已改名为"宋金项饰"，是《国家宝藏》第二季中广东省博物馆推荐的国宝级文物。

　　发现了陶瓷器、金银器当然是件非常值得开心的事，遗憾的是抓斗的巨大挤压力让出水的绝大部分陶瓷器成为碎片。事后，船上工作人员挑选出一些保存完整的陶瓷器、金饰（图 1-1）、锡壶（图 1-2）以及银锭等，共有 207 件。其中数量最多的是各种各样的陶瓷器，有刻划荷花纹饰的青瓷碗、葫芦造型的青白釉瓷瓶、印花或划花的小瓷罐、仿金属器制造的绿釉瓷碟，以及大小不一的各式粉盒，甚至还有一件器物底部有墨书"郑知客"三个字（图 1-3）。其余的陶瓷器碎片则被再次抛入海中，这个做法在当时可能只是不了解碎片价值而做出的无心之举，但让人想不到的是，这些陶瓷碎片形成的凝结物给未来的水下考古工作造成了巨大的困难。

　　打捞出沉船文物，作为项目总指挥的尹干洪在高兴之余也感觉到了事非寻常，因为出水文物与"莱茵堡"号货物清单的记录并不一致。他立即把此次的发现及自己的判断向广州救捞局的领导作了汇报，同时当场决定，"在没有弄清打捞这批出水物品的年代和性质前，暂停一切打捞作业"。对此，英国海洋探索与救援有限公司的代表极度不满，要求继续用抓斗打捞以便获取更多文物。对于英方的要求，尹干洪态度明确，"这不是我们要找的"莱茵堡"号，我不同意继续这样的破坏性打捞"。第二天，广州救捞局决定从广州调派船舶来工作现场取回出水物件，并由专人护送到负责管理广东全省文物工作的广东省文物管理委员会办公室（下称"广东省文管办"）进行鉴定。广东省文管办立即组织广东省博物馆和其他文博单位的数名古陶瓷专家对文物进行鉴定。陶瓷断代对于见多识广的专家来说并不困难，专家们一致认为，这批出水文物中的陶瓷器的年代相当于宋元时期，是我国南方的江西景德镇、浙江龙泉和福建德化一带窑址的产品。种种迹象表明它们来源于同一艘古代沉船。由于事关重大，国家文物局也派出国家文物鉴定委员会的专家进行"会诊"，给出了相同的鉴定结论。在获知文物鉴定结果后，广州救捞局决定终止本次中外合作的沉船探测打捞作业，所有工作船和人员撤回广州待命。英方人员虽然对此心有不甘，但是遵照合作协议，他们只好暂时返回英国。不过，马丁和他的合作伙伴并没有放弃寻找"莱茵堡"号。在随后的两年中，马丁又先后带着筹集到的资金两次租用广州救捞局的工作船和人员，返回下川岛附近海域继续搜寻"莱茵堡"号沉船，均无功而返。1989年夏季，马丁为打捞"莱茵堡"号沉船而募集的资金告罄，宣布公司破产并放弃寻找。

1987年8月，广东省文物部门对外宣布：在广东省的下川岛附近海域，发现一艘宋元时期沉船。而在此之前，国家文物局已于1987年3月牵头成立了国家水下考古协调小组，筹备组建专业队伍和启动人员培训。因为南海宋元沉船发现在后，所以国家文物局的这一举措并不是对这艘沉船的未卜先知，而是出于中国水下文物保护的客观需要和对发展水下考古事业重要性的预判。

第 2 节

中国水下考古诞生

疯狂的打捞者

1986年4月28日,一场声势浩大的拍卖会在荷兰首都阿姆斯特丹的希尔顿酒店进行。在金碧辉煌的大厅中,一批被称为"南京货"(Nanking Cargo)的中国瓷器和黄金制品正在佳士得专场拍卖会上待价而沽。这批拍品包括数十万件清乾隆时期的外销青花瓷器和100多块金锭。由于瓷器拍品样式精美、数量巨大、种类丰富,佳士得公司为拍卖活动印制了装帧精良的图录(图1-4)。拍卖会开始前的几周,佳士得公司进行了大肆宣传,声称要向爱好中国艺术的人们提供"人人都买得起的南京货",报纸、电视和街头上铺天盖地的报道引起了欧洲古董商们的极大关注。国家文物局得知消息后立即征求国内文物专家们的意见,绝大多数专家认为,相对于官窑瓷器,国内各博物馆收藏的外销民窑瓷器精品并不多,如果能购买一些回来,不仅能够丰富博物馆的藏品类型,而且对于推动"海上丝绸之路"的研究也很有好处。

图1-4 哈彻的"南京货"拍卖图录

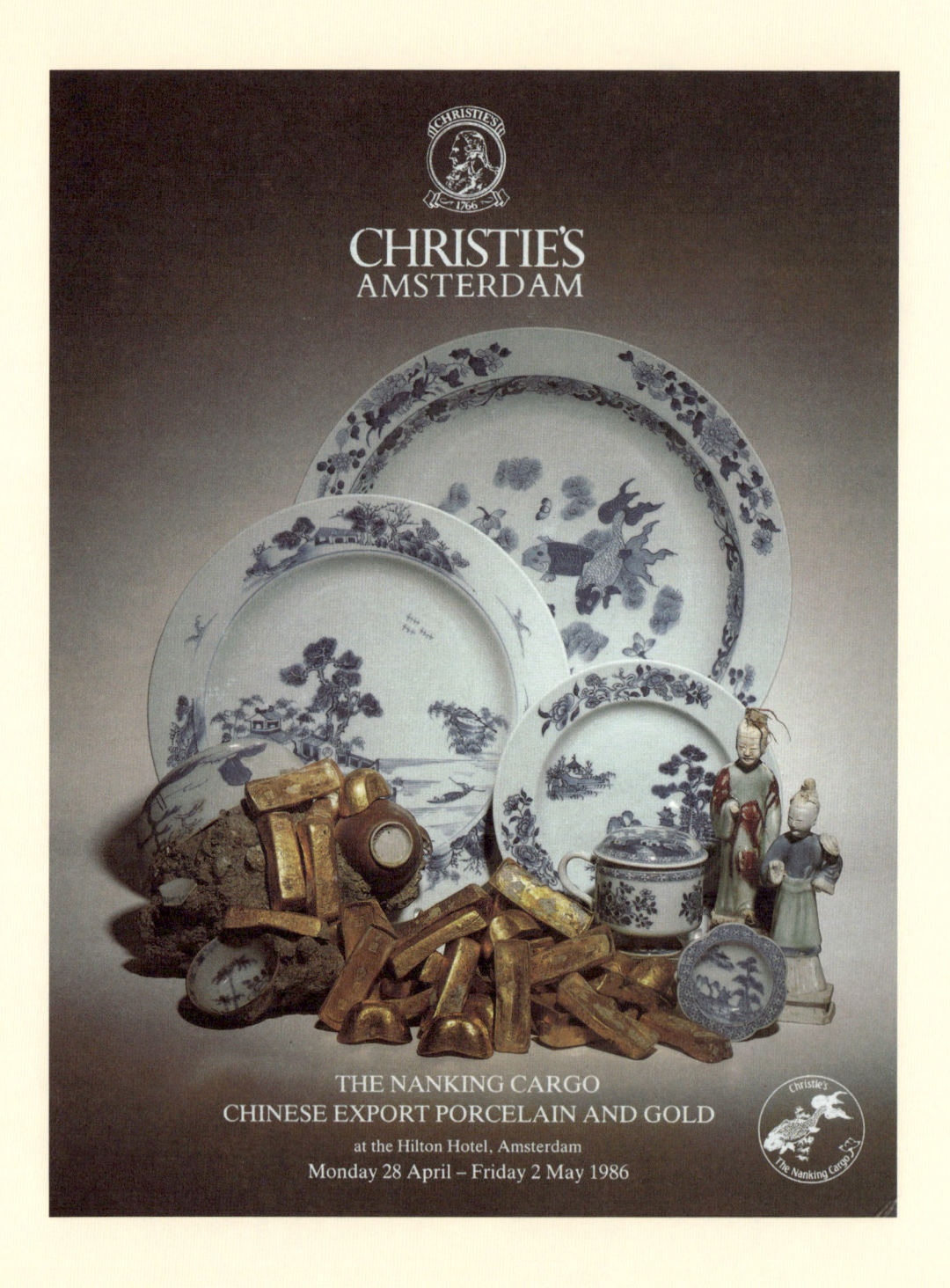

为此，国家文物局安排了国内两位资深陶瓷专家——故宫博物院的耿宝昌先生和冯先铭先生，携带3万美金专门赴荷兰参加拍卖会。听到中国政府也派代表来参与竞拍，佳士得公司相当客气，他们热情介绍了拍品情况且把最好的座位留给了中国的专家。然而，在三天的拍卖中，拍品价格一路上扬，多数拍品的价格超出原来估价的数倍甚至十数倍，专家带来的经费杯水车薪，眼睁睁地看着这些文物花落别家。回国后，耿宝昌先生把自己的经历和思考汇总成专题报告呈送至国家文物局。他认为，大量的水下文物因为商业打捞而流落海外，是国家和民族的重大损失，国家应该加大水下文物保护力度，尽快建立水下考古机构并培养专业技术队伍。这份报告最终以《我国陶瓷专家建议重视水下考古工作》专报形式呈送至中央领导的办公室案头，并引起了高度重视。国务院相关部委随即多次召开专题会议研究如何推动中国水下考古工作。1987年3月，国家水下考古协调小组正式成立。

1987年是中国水下考古事业发展历程中举足轻重的一年。在这一年，中国水下考古正式诞生。人们普遍认为，当年发生的三件事都具有代表性意义。第一件是3月份国家水下考古协调小组成立，表明国家层面发展水下考古事业的决心和行动；第二件是8月份南海宋元沉船的发现，给中国考古学界带来了建设水下考古机构和队伍的现实动力；第三件是中国历史博物馆（现国家博物馆）水下考古学研究室的成立，这是中国考古界在水下考古机构建设方面的第一个实践。

国家之所以在1987年采取了那么多的措施推动水下考古事业的建设发展，耿宝昌先生的建议显然是重要的因素之一。而在此前，外国机构和个人在南中国海海域进行的一系列肆意且疯狂的沉船商业打捞，也让我国的文物行政部门和考古专家意识到有必要尽快采取措施，建设自己的水下文物保护力量。

佳士得公司拍卖的那批"南京货"就是外国机构和个人在南中国海海域进行疯狂打捞的例证。"南京货"的提供者迈克尔·哈彻（Michael Hatcher）是居住在澳大利亚的英国人，30岁时注册了一家商业打捞公司，专门打捞第二次世界大战时期的各种沉船。他从找到的沉船上拆卸部件，打捞船载金属、橡胶或者其他货物，然后拿去售卖盈利。1983年，哈彻在印度尼西亚宾坦岛附近发现一艘中国木质沉船。从这艘被他称为"中国帆船"（Chinese Junk）的沉船上，哈彻打捞出了2.5万件瓷器，主要是景德镇窑生产的青花瓷，以及少量产自福建地区的青瓷、白瓷和五彩瓷器。青花瓷器主要是"克拉克瓷"（图1-5），包括盘、碟和许多个体不大的杯、盒等。"克拉克瓷"听起来是个洋气的名字，却是地地道道的中国制造。关于"克拉克瓷"的名字来源有多种不同说法，其中一种是说1602年荷兰人在马六甲海峡俘获一艘装载着10万件精美瓷器的葡萄牙商船，他们把这些瓷器运回欧洲拍卖，引起极大轰动。当有人询问这些有着特别构图设计的瓷器的名称时，并不知情的荷兰人灵机一动，随口把对葡萄牙商船的称呼"克拉克"当成瓷器的名称告诉了对方。其实，"克拉克瓷"是明朝万历皇帝时期开始在江西景德镇窑和福建漳州窑生产的一种专门用于外销的瓷器品种。根据在"中国帆船"上打捞出水瓷器上的墨书"癸未"字样，可知它们是在1643年或者之后生产出来的。有这个年代信息以及船载瓷器的整体特点，可知哈彻发现的这艘沉船年代为明末清初。

1985年，哈彻把打捞出来的这些瓷器拿到阿姆斯特丹进行公开拍卖，收获250万美金。这一近乎暴利的收入让哈彻看到了无限的商机，贪婪使他毅然放弃打捞二战时期沉船，转而把全部精力投入到对古代商船的寻找上来。他在世界各地的图书馆、档案馆或博物馆中搜寻各种沉船资料，特别是欧洲各国东印度公司的沉船记录。一艘叫作"哥尔德马尔森"号（Geldermalsen）的荷兰东印度公司沉船进入了哈彻的视野。

17世纪时，欧洲新兴资本主义国家为了处理海外贸易和殖民地的事务，纷纷成立了具有政府背景的东印度公司。这些公司拥有雄厚的经济实力、大量的雇员和船舶，有的还组建了军队并发行货币，是拥有殖民地贸易独占权并集军事、政治、经济权力为一体的机构。东印度公司最早出现在英国。1600年，伊丽莎白一世女王（Elizabeth I）给新成立的英国东印度公司（East India Company）颁发特许状，授予该公

图 1-5
哈彻打捞的"克拉克瓷"瓷盘

司在东印度地区的21年贸易许可。随后，荷兰、丹麦、葡萄牙、法国、瑞典也纷纷建立起自己的东印度公司。1602年成立的荷兰东印度公司（Vereenigde Oost-Indische Compagnie，简称"VOC"）是影响巨大、实力雄厚的代表，也是世界上第一家股份有限公司。当时，新兴的荷兰共和国在全球海域都表现出强烈的进取态度，为动员各方力量投入这项事业，共和国议会授权东印度公司管理东起非洲好望角、西至南美洲麦哲伦海峡的广袤区域。公司最兴盛时拥有150艘商船、40艘战舰，5万名员工和1万人的私人武装力量。荷兰东印度公司在印度洋、太平洋的活动并不都是和平的贸易，其中也包含了很多的血腥和罪恶，比如曾对班达岛的原住民进行屠杀和驱逐。荷兰东印度公司曾经多次袭扰中国沿海地区，一度占领并盘踞我国台湾岛。1662年，郑成功大破荷兰人盘踞的热兰遮城，迫其投降并收复台湾的故事，就是在这段历史背景下发生的。

荷兰东印度公司对自己的贸易活动有着严格的规定，要求各殖民地总督把辖区内的事务不分巨细都记录在案，并通过巴达维亚向国内转报。在公司近200年的历史中，大量报告、文书、档案、信件、日记、货单等被保留在档案馆里。后来，这些文件被集中到荷兰鹿特丹海事博物馆的航海档案资料库保存。无论是马丁还是哈彻，都在这里找到了自己想要的沉船资料。

"哥尔德马尔森"号于1751年12月从广州出发，取道巴达维亚返回荷兰。根据荷兰东印度公司的货物清单可知："哥尔德马尔森"号上装载有近24万件中国瓷器、约6000件丝绸和漆器，以及147块金锭。船上有船员和少量旅客共计112人。为了满足漫长航程中的生活需要，船上配备了大量食物和酒类，甚至饲养了20头猪和4头牛。1752年1月3日，"哥尔德马尔森"号航行到今天印度尼西亚的民丹岛附近，在天气晴好且毫无征兆的情况下，居然一头撞上了水下的暗礁。受损严重的船舶开始下沉，船员们手忙脚乱，在试图挽救船舶的努力失败之后，逃生的最佳时机也随之丧失。最后，只有包括水手长在内的32人乘坐两艘救生艇逃离，他们在海上漂泊了七天七夜后回到了巴达维亚。根据荷兰东印度公司的档案描述，当时的公司管理人员非常怀疑是水手长等生还者见财起意，故意制造了这次撞船事故。为此，公司组织了秘密调查但没有任何结果，沉船事件不了了之。因为资料中记载了沉船发生的大致地点，这为哈彻很快锁定并搜寻该沉船提供了极大的便利。

1985年初，哈彻带着声呐和金属探测仪进入印度尼西亚民丹岛附近海域。5月的一天，金属探测仪在一处暗礁附近接收到来自海底的异常磁场信息，表明水下可能存在某些金属物品。果然，潜水员下水探摸后从海底采集到一些大型金属制品，包括刻有"VOC"字样的铜炮、铸有与"哥尔德马尔森"号建成年份相同的铜钟等。最关键的还有一个标记有"F. B."字样的药瓶，这个缩写与荷兰东印度公司档案文件中记载的"哥尔德马尔森"号上的外科医生弗雷德里克·贝肯豪威尔（Frederic Berkenhonwar）的缩写吻合。几条线索凑在一起，哈彻几乎可以确定，"哥尔德马尔森"号已经被自己攥在了手中。随后的一个多月时间，哈彻命令打捞人员使用大功率抽泥机和水枪对船体进行了破坏性清理，这样做能够节省时间和经费的投入，能让他更迅速地获取船内的货物。最后，哈彻从"哥尔德马尔森"号的船体残骸中捞出了16.8万件中国景德镇瓷器（图1-6）和125块带汉字戳印的金锭。满载而归的哈彻在阿姆斯特丹的佳士得专场拍卖会上收获了3700万荷兰盾，据说打破了佳士得公司成立200多年来单个项目的拍卖收入记录。然而，哈彻对东南亚海域沉船的毁灭性打捞并没有因为获得暴利而停止，反而愈加疯狂。

1999年，他又在印度尼西亚附近海域打捞了"泰兴"号（Tek Sing）沉船。这艘1822年从厦门出发的商船在驶往爪哇的航程中触礁沉没。船上的2000多名乘客中只有不到200人被救。因为这个沉痛的海难事故，"泰兴"号也被人称为"东方泰坦尼克"。"泰兴"号长约50米，船内装载了约100万件以福建德化窑为主的瓷器产品。有报道说，哈彻为了谋求更大的经济收入，让人将其中的60万件瓷器打碎，然后再把剩下的35.6万件瓷器拿到德国的斯图加特拍卖，获利3000多万德国马克。

哈彻等人在南中国海及东南亚海域打捞沉船的所谓"成功"案例，吸引了世界各地的众多寻宝者把目光从大西洋、加勒比海域转向亚洲东南部海域。这些寻宝者中有不法者抱有侥幸心理，越界进入我国管辖海域，给我国的水下文化遗产安全与保护带来了巨大的威胁。

图 1-6
哈彻打捞的中国瓷器

组建水下考古队伍

广东发现古代沉船的消息传来，海底沉船和精美古代文物让国人感到无比振奋和开心，同时也意味着一系列难题待国家文物管理部门解答，诸如，南海宋元沉船的保存情况如何，装载了哪些货物，未来应该怎样进行考古和保护等。因为当时我国并没有水下考古专业人员，更不要说水下考古机构和专业队伍了，虽然此时距美国考古学家乔治·巴斯（George Bass）在土耳其格里多亚角（Cape Gelidonya）开展水下考古工作已过去了整整 27 年。面对静静埋藏在 24 米深的水下，被 1 米厚的淤泥完全覆盖的古代沉船，国家文物管理部门和考古专家束手无策。水下文物可能遭遇被寻宝者和不法分子破坏的现实威胁，以及伴随着海洋生产和工程破坏等潜在风险的加大，均让南海宋元沉船的保护工作压力倍增。为了彻底突破困局，我国政府决定立即着手组建水下考古机构并培训专业技术人员。

1988年，国家文物局选派张威、杨林和王军3位考古人员去欧洲和日本学习水下考古技术，并紧急从国家文物局、中国历史博物馆、广东省博物馆、深圳博物馆、广东省文管办抽调9位年轻考古人员到广州参加广州潜水学校举办的"SCUBA潜水培训班"。SCUBA又叫水肺，是法国海军军官雅克·库斯托（Jacques Cousteau）在1943年发明的，是不同于以往那种穿戴金属头盔和复合材质重潜装备的新式潜水设备。SCUBA潜水采用气瓶供气方式，相比于用专门输气管道供氧的重潜，活动更加轻便灵活。

与人员培训同步，对南海宋元沉船的考古调查也在紧锣密鼓的筹划之中。在时任中国历史博物馆馆长俞伟超先生（图1-7）的斡旋下，该馆与日本国水中考古学研究所在1989年8月1日签订合作协议，共同组建"中日联合中国南海沉船水下考古调查队"，对南海宋元沉船进行考古调查。考古队由俞伟超担任队长，日本的田边昭三任副队长。同年11月15日，双方共10名队员集结到位（图1-8）。正是从这次工作开始，俞伟超根据考古遗址的命名原则，为南海宋元沉船起了一个新名字——"南海I号"，这个名字一直沿用至今。

"中日联合中国南海沉船水下考古调查队"到达预定海域后，立即以1987年发现沉船文物的大致地点为中心组织了分区声呐扫描，然而"南海I号"却是踪迹皆无。就在大家不知所措时，之前担任中英合作调查项目总指挥的尹干洪根据当年的工作经验，建议把声呐扫测区域向西偏移100米。结果，扫描信号很快显示出海底有不寻常的凸起迹象。1989年11月19日，广州救捞局的潜水员、考古调查队队员先后下水对这一凸起物进行探摸（图1-9）。中方考古调查队队员中第一个摸到海底遗迹的是中国历史博物馆水下考古学研究室的张威主任，他回忆说："我感觉手碰到一个凸起物，表面很粗糙，但不是礁石。我用自己的手

图 1-7
俞伟超先生

图 1-8
1989年中日联合中国
南海沉船水下考古
调查队合影

图 1-9
1989年"南海Ⅰ号"
调查队中方队员准备
潜水

图 1-10
1989 年调查发现的文物残片

臂量了量，大概高出海床30厘米。接着，我又摸到了一块硬物，感觉像一块木板，这让我断定那块凸起的东西应该就是沉船的凝结物。"因为凝结物巨大坚硬，无法整体提取，考古调查队队员只能从上面抠下一小块瓷片带回（图1-10）。经过与1987年获得的青白釉瓷器比较，断定是沉船上的瓷器碎片。当天晚上，海面上的风浪不断加大，第二天已接近六级，考古调查队从安全角度考虑决定返航广州，等待海况好转后再恢复考古调查。所有人都认为一切已就绪，"南海I号"考古工作很快就能再度拉开大幕。没想到的是，这个项目的再次启动却还需要等待12年之久。回看当年的工作，中国水下考古调查队队员虽然完成了自己的水下考古首秀，实现了与"南海I号"的第一次"亲密"接触，但也暴露出年轻的中国水下考古队伍工作经验的不足，特别是把工作时机选在东北季风来临的时候，巨大的风浪让调查工作无以为继，工作目标没有能够有效实现。

1989年是中国水下考古史上的又一个重要的年份。在这一年里，除了首度开展了中外合作的水下考古项目，还有《中华人民共和国水下文物保护管理条例》的正式颁布，后者标志着我国在水下文物保护的法律建设方面已经走在了世界前列。为进一步培养专业人才，建立可以独立工作的水下考古队伍，国家文物局在这一年委托中国历史博物馆与澳大利亚阿德莱德大学（University of Adelaide）联合举办了"第一期全国水下考古专业人员培训班"，来自中国历史博物馆、广东、福建、广西、山东等有关机构的11名考古工作者参加了培训（图1-11）。他们完成了潜水技术和水下考古调查、发掘、绘图摄影等技术课程学习，参加了福建省连江县"白礁一号"沉船的考古实习。1990年9月，培训班顺利结束，中国第一支水下考古专业队伍建立了起来。

"南海I号"的考古工作虽因种种原因未能继续开展，但中国水下考古锻炼队伍的进程却一直没有停止。1991年7月，辽宁省绥中县大

图 1-11
第一期全国水下考古专业人员培训班

南铺村的渔民在村南约6千米的三道岗海域拖网捕鱼时，意外拖出一些装饰着白釉褐花的古代瓷器和一些破碎船板。三个月后，中国历史博物馆水下考古学研究室受国家文物局委托在三道岗海域进行细致的考古调查，确认这里存在一艘元代沉船。1992年至1997年间，来自全国各地的十余名水下考古人员组成考古队，对三道岗沉船进行了5次考古调查和发掘，在148平方米的发掘面积内采集各类器物600多件。这是我国水下考古力量独立开展的第一次较大规模的水下考古项目。通过调查，考古队掌握了三道岗沉船的基本情况：沉船的木结构船体已经基本朽烂无存。受铁质文物和海水化学作用的影响，沉船船货在海底凝结成5组大致平行的东西向大型凝结物，总长达18米，宽度超过8米（图1-12）。根据凝结物的形态，考古人员推断三道岗沉船的原来长度为20~22米。船货大部分被压在凝结物下面，散落在海底以及从渔民手里征集的文物有1000多件，主要是陶瓷器和铁制品两种。陶瓷器出水的数量最多，大多是白釉褐花瓷器（图1-13），这是一种先给瓷器胎体"化妆"——敷施上白色化妆土，然后用褐色颜料在器物表面绘制图案，再上釉烧成的瓷器，是元代磁州窑的"经典"产品。瓷器上的褐彩花纹绘画得很精美生动，有鱼藻纹、龙凤纹（图1-14）、婴戏纹（图1-15）等，还有的写上了"风花雪月""寿"等文字题款，器物种类可见碗、碟、器盖、盆、罐、梅瓶等。除了磁州窑的白釉褐彩瓷器，也有数量不太多的黑釉和绿釉瓷器，基本都是日常生活用品。出水的船载铁器数量不是很多，主要是铁犁、铁锅等农具和生活用具，形态和制作工艺上都跟元大都遗址中的同类器物没有差别。从瓷器和铁制品的特点可知，三道岗沉船是一艘贩卖日用商品的元代商船。

经过绥中三道岗沉船遗址6年的考古锤炼，让我国第一批水下考古学员成长为经验丰富的专业人员。然而，随着水下考古调查勘探任务的逐渐增加，也让国家文物局看到了现有专业人员数量严重不足。

1998年，第二期全国水下考古专业人员培训班在浙江省宁波市开办，20位来自全国各地的文博工作者参加了培训。这批队员的考古实习基地同样选在了福建省连江县的定海湾。定海湾所在区域在古代被称为"亭角"，又因为地处闽江入海口，被誉为"闽江北喉"。早在五代时期，建立闽国的王审知就在定海湾开辟了一处重要的对外贸易港口——甘棠港，并发展成为与琉球、日本列岛贸易的关键对接点之一。由于这里的水下存在暗礁，定海湾历来是沉船事故多发的地方。20世纪七八十年代，这里的海边村民有"扒壳"习惯，就是用改装的打捞船挖掘海底贝壳，然后把贝壳烧制成石灰。在"扒壳"过程中，常常会有村民顺带发现一些瓷碗瓷碟或者陶罐，他们会把这些陶瓷器拿回家中使用或者低价出售。一名连江当地文化部门工作人员听说了这件事后，前往定海湾一带调查并把自己的发现报告给上级文物部门。国家文物局了解到定海湾的情况后，希望能搞清楚这里的水下文物保存情况，所以才把水下考古专业人员培训班的实习地点选在这里。在考古调查中，考古队确认定海湾的白礁两侧有多艘沉船，保存最好的一艘位于白礁南侧约12米深的海底。虽然这艘沉船的船体已经不复存在，但仍有较多的船载瓷器在海底集中被发现，考古队根据考古学上用发现地点命名古代遗址的原则把这艘沉船定名为"白礁一号"。考古发掘出不少凝结物和陶瓷器，陶瓷

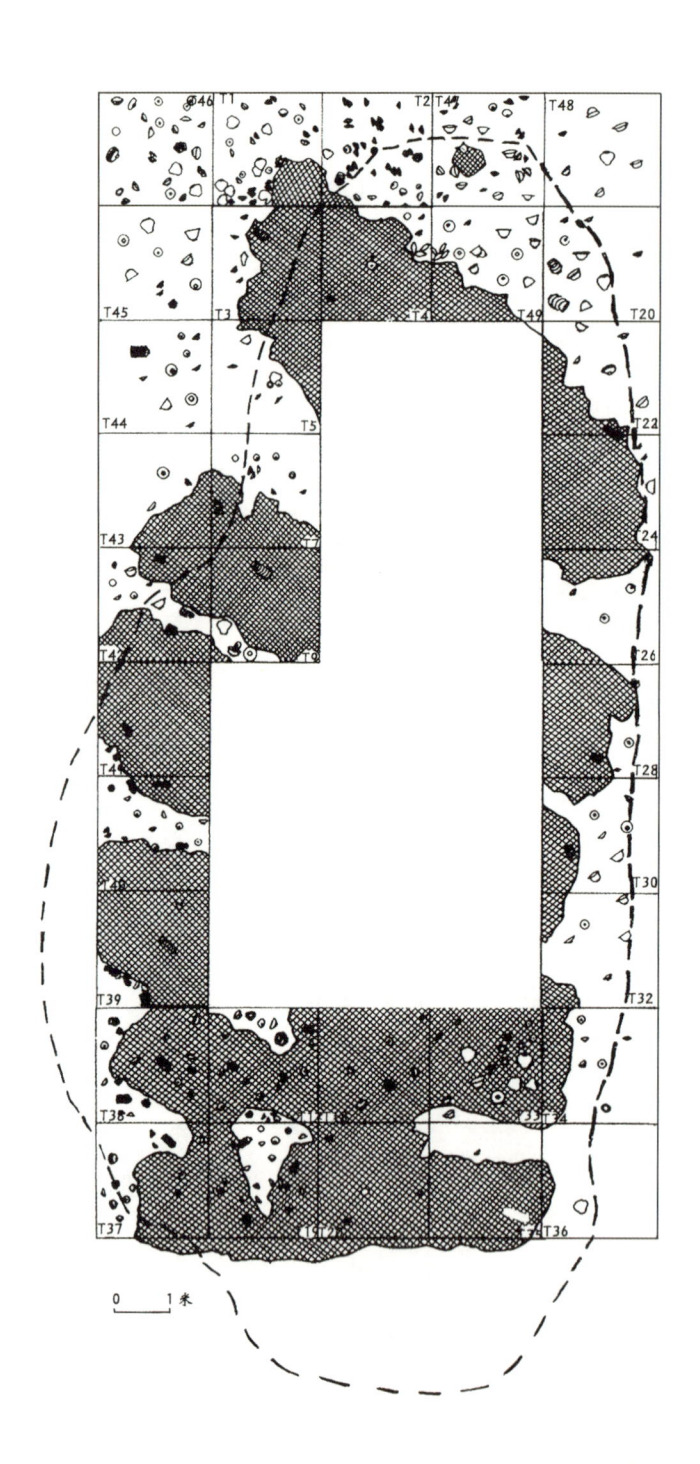

图 1-13 三道岗沉船遗址出水的陶瓷器

图 1-12 三道岗沉船发掘区堆积平面图

图 1-14
三道岗沉船遗址出水的龙凤纹罐

图 1-15
三道岗沉船遗址出水的婴戏纹罐

器主要以黑釉盏和白瓷碗为主（图1-16）。考古专家认为黑釉盏是福清东张窑的产品，而白瓷碗则产自闽清义窑，年代大致为南宋末年或者元代初年。黑釉盏是宋代的饮茶器具，因为色泽深重，配合宋代饮用末茶和独特的点茶手法，会形成优美的视觉效果。因此，蔡襄在《茶录》中写道："茶色白，宜黑盏，建安所造者绀黑，纹如兔毫，其坯微厚，爁之久热难冷，最为要用。"宋代饮茶之风辐射周边国家，尤以日本、高丽为最。宋人喜爱的黑釉盏也随之大量销往海外，不仅质量上佳且具有"兔毫斑""油滴斑""鹧鸪斑"等曜变特征的建盏供不应求，其他窑口仿制的质量稍差的黑釉茶盏同样热销。日本消费者也喜爱黑釉盏，大量购入，作为茶道和日常品茶的重要器具。从"白礁一号"沉船年代、沉没位置以及船货构成情况看，它很可能是当时的对日贸易商船。

在经历了"白礁一号"沉船考古的锻炼后，新一批中国水下考古队队员又连续参与了西沙群岛沉船、福建省东山县郑成功沉船等调查项目。1989年之后的10年发展，中国水下考古队伍不断壮大，工作经验也日益积累。然而，迟迟未能重启的"南海I号"考古却成为每一个水下考古工作者心中放不下的牵挂。谁都没有想到的是，就在第二期全国水下考古专业人员培训班的学员毕业后不久，一个新的机遇被摆到了那些对"南海I号"念念不忘的考古工作者面前。

图 1-16
"白礁一号"水下文物分布

第 3 节

重新定位"南海Ⅰ号"

1999年，美国迪士尼公司打算在香港建设自己的全球第5座迪士尼主题乐园。该公司看中了香港大屿山岛上一个叫做竹篙湾的地方，这里是一片连接海湾的山前区域。之所以选址在这里，一是因为大屿山是香港的离岛，空气清新，环境优美，是游客中意的游玩、休憩天堂，竹篙湾附近更是岛上自然环境优美的地方之一；另外，竹篙湾距离正在建设的香港新机场很近，方便各地游客到达。由于香港是亚洲金融中心和重要港口之一，寸土寸金，所以迪士尼公司决定采用填海造陆的方式获得乐园建设所需土地。在审批迪士尼主题乐园项目时，香港特别行政区政府的文物管理部门提出竹篙湾的海湾沙滩曾发现过古代瓷器残片，经鉴定多数是明代中期的景德镇民窑青花瓷，以及少量浙江、广东等地瓷窑生产的青瓷。这些瓷器的品种与明代外销瓷器相同，应该是海洋商品贸易的一部分。因为采集到的瓷片数量过万，大大超出一般居民生活所需，而且竹篙湾附近也没有大型村落分布，考古专家推断竹篙湾中可能有古代沉船或者其他古代生活遗迹。为了摸清海底堆积，避免出现工程项目破坏文物的情况发生，香港的文物管理部门决定邀请水下考古队伍对竹篙湾进行全面考古调查，于是就向邻近的广东省文物部门求助。那时候，改革开放进行了20多年，广东和香港两地又是地缘相近、语言相通、习俗相同，在很多方面都有深度合作，文物考古领域也不例外。两地经常互相邀请对方相关人员合作进行文物考古调查和保护项目。因此，收到香港方面求助的广东省文物部门立即跟中国历史博物馆水下考古学研究室联系。此时，内地的水下考古队伍已在渤海、东海和南海圆满完成多项考古任务，水下调查对他们来说完全驾轻就熟。经过协商，中国历史博物馆与香港文物管理部门达成合作意向，对竹篙湾一带进行陆地和水下的考古调查勘探。当时，水下考古队使用的设备主体是从广东运去香港的，而设备配件则计划在潜水市场发达的香港直接购买。考古队员之一，广东省文物考古研究所的张松会讲粤语，被分配负责设备配件的采购任务。他在位于香港岛东北的北角找到一家潜水器材店。张松知识面广、风趣直爽，善于和人打交道，很快就跟潜水店老板陈来发熟络起来，得知陈来发是一位资深潜水教练。而陈来发也通过张松知道了许多考古故事，并对正在发展壮大的内地水下考古产生了浓厚兴趣。水下考古队完成调查项目返回内地后不久，陈来发在张松的邀请下实地考察了"白礁一号"沉船考古项目。返回香港后，陈来发邀请好友共同成立"香港中国水下考古研究探索协会"，会员均为香港各界的潜水爱好者，且都对中国传统文化和文物考古很感兴趣。他们觉得可以依托协会平台为内地的考古做些贡献，于是发起了"南海I号"考古项目募捐活动。活动得到会员积极响应，短时间就募集到超出预期的经费。在香港中国水下考古研究探索协会赞助"南海I号"沉船调查签约暨新闻发布会上（图1-17），广东省人民政府分管文化的领导同志为活动发来贺信，盛赞香港同胞的这项义举，"体现了内地与香港民众保护和传承民族优秀历史文化遗产的共同愿望，……对于促进内地与香港之间的文化交流，将起到推动和示范作用"。

2001年4月，"南海I号"水下考古调查队获批成立，队长张威带

图1-17 香港同胞赞助"南海Ⅰ号"沉船调查签约暨新闻发布会

图 1-18
2001年香港赞助重启"南海Ⅰ号"调查,"印洲塘"号潜水船在工作现场

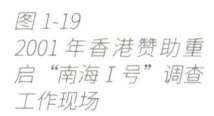

图 1-19
2001年香港赞助重启"南海Ⅰ号"调查工作现场

领14名内地水下考古队员和5名香港潜水员出征下川岛海域（图1-18，图1-19）。进入预定海域后，考古队员首先用声呐设备进行海底扫描，陈来发还从当年调查"莱茵堡"号的英国工程师那里购买了"南海Ⅰ号"的地理坐标。然而，迎接考古队的却是扫描屏幕上的空空如也。即使以坐标为中心逐渐向外扩大搜索范围，十多天过去了，考古队依然一无所获，"南海Ⅰ号"沉船像是凭空消失了一般。根据来自广州救捞局潜水员的回忆，他在1987年摸到沉船时的水深是24米。考古队决定沿着24米等深线再次探测。这次探测还增加了一种叫浅地层剖面仪的设备。浅地层剖面仪可以向海底发射低频脉冲的声波，遇到海底介质阻挡时一部分声波会被反射回来，而另外一部分则会穿透介质。通过记录、测算声波穿透泥、砂、石等不同介质时的反射波强度、频率变化，可以绘制出海底地层的剖面结构。策略调整的效果立竿见影，仅仅两天后，信号接收器就显示海底存在黑色阴影区，长度有20多米（图1-20）。考古队员立即下水探摸，发现海底有多层渔网覆盖的大块凝结物，周围淤泥中有散落的碎瓷片。因为海底完全没有能见度，这次发现不是用肉

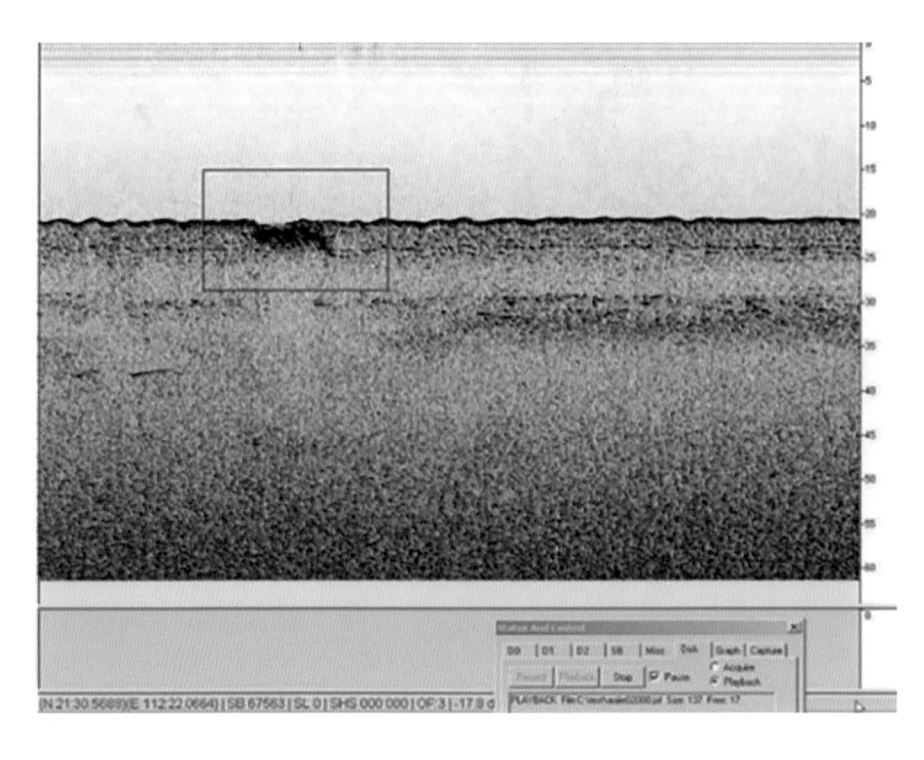

图1-20
2001年浅地层剖面仪显示的"南海Ⅰ号"影像

眼观察到，而是用手摸到的。经过资料收集和反复对比，考古队确认海底埋藏着一艘古船且采集的瓷片与"南海Ⅰ号"船货相同。"南海Ⅰ号"定位成功。

为了避免再度出现找不着沉船的情况，考古人员立即使用船载差分GPS进行了多次定位，确认无误后将坐标数据交给专人保管，既方便未来能精准找到"南海Ⅰ号"，又保障了坐标数据的安全。至于从英国人手里购买的坐标，与新得到的坐标为什么会不一致，大家都不得其解。重新定位的成功，只是揭开"南海Ⅰ号"神秘面纱的第一步。此时，考古学家对于"南海Ⅰ号"的认识依然非常有限，比如沉船的尺寸、船体保存的情况、装载的货物种类等，这些信息是决定如何开展下一步水下考古与文物保护工作的关键所在，需要尽快搞清楚。

第 4 节

四次考古探测

定位好"南海Ⅰ号"之后,考古队迅速编写了汇报材料提交国家文物局,建议尽快再次开展对"南海Ⅰ号"的调查勘探。很快,国家文物局批准了新的调查方案,"南海Ⅰ号"考古队于2002年3月至4月着手对船货种类和船体保存情况进行勘探。因为有了GPS坐标,这次定位"南海Ⅰ号"非常顺利。然而,紧随其后的困难是沉船表面覆盖有厚达1米的淤泥,需要用抽泥机抽走才能接近船体。大功率抽泥机在抽取海底淤泥时,必然会对周围海水产生搅动,使海水失去所有的能见度,考古队员只能依靠手感摸索着一点点清理。他们小心避开凝结物的分布区,在船体表面布置了数个考古探方。沉船地点的海底淤泥非常松软,潜水时一旦浮力控制不好,手脚就会陷入淤泥之中。所以,考古队员需要利用浮力背心把自己调节成中性浮力状态,让自己能够像鱼一样悬浮在考古工作面上方,这是一种非常辛苦的工作姿势。当然,再困难也要坚持,考古队员最终在1米多的淤泥下摸到一段微有弧度的木板,凭借着对船体结构的了解,确认这应该是船舷部。从这里慢慢扩大探摸区域，逐渐发现"南海Ⅰ号"的上部船体已经无存，少量保留的上甲板之下便是满载货物的船舱，可以摸到陶瓷器、金属器等各种货物。当船货被放入塑料箱并提取到水面时，人们终于看清了期待已久的文物。青白瓷、青瓷、绿釉瓷、黑釉瓷器，种类丰富，颜色繁多，成摞的碗、盘、碟和成堆的瓶、罐、壶（图1-21，图1-22，图1-23），让所有的考古队员都感到无比振奋。即使在幽暗的海底埋藏了800多年，很多瓷器的表面仍然光洁如新，完全没有传世瓷器所常见的那种岁月痕迹。当时就有考古队员开玩笑说："这些瓷器如果拿到文物市场上去卖，很有可能会被当成赝品，感觉太新了。"专家们再次判断

图 1-21
正在提取出水的文物

图 1-22
出水的陶瓷器 1

这些瓷器分别在江西景德镇，浙江龙泉，福建闽清、德化、晋江一带生产。很多瓷器相当精美，比如景德镇窑生产的折枝花卉纹青白釉碗（图1-24），内壁印有精美的折枝纹，碗壁极薄，对着阳光甚至感觉光线都能穿透过来。因为景德镇在历史上属于饶州管辖，文献上还曾把精美的宋代景德镇瓷器称为"饶玉"，认为其釉色温润，看起来就像一块美丽的玉石。一个多月的时间，考古队从16平方米的发掘区内提取了6000多件陶瓷器，其中完整器物超过七成。一些陶瓷器的底部带有墨书，主要是姓名、称谓，如"李大用"、"林六哥"（图1-25）等，还有一些难以辨识的符号。这一阶段发掘出水的文物无论在数量上还是精美程度上都超出了原有认识，可以说成果丰硕，满载而归。

同年6月至7月，考古队再次出发，去测量"南海Ⅰ号"的尺寸数据。如果说前一阶段工作是盲人摸象，揭开了沉船神秘面纱的一角，那

图 1-23
出水的陶瓷器 2

么这一阶段就是要给沉船进行整体画像，具体说就是测量沉船的长、宽、高等数据。首先是测量船体长度，这是最容易获取的数据，只要沿着已知船舷的延长线向两侧抽开淤泥找到端点，然后测量船舷的长度和弧度，就可以换算出沉船长度。但是，当考古队员清理出约20米长的一段船舷后，发现清理区两端都有巨大的凝结物阻挡，无法探知端点。对沉船宽度的测量同样遭遇麻烦，由于没能确定沉船的艏艉位置，自然没办法判断哪里是船身最宽处。考古队员只能选择已揭露船舷的中段位置测量，这样做显然具有一定的随机性，因为无法保证测量位置就是船舶的最宽处。但有数据总好过一无所知。这次，考古队员沿着垂直于船舷的方向从船体一侧向另一侧抽泥，所幸很快发现了对面的船舷。于是两名考古队员同时下水，一人将随身携带的潜水绳固定在船体一侧，另一人则把潜水绳另一端拉到对面船舷处打结标记。然后他们把潜水绳带回水面测量绳头到绳结的距离，以此得出沉船的宽度值。不难看出，这样的测量方法会存在误差，因为水流拉扯、凝结物阻碍都可能导致测量数值变大，不过这也是海水能见度极低情况下的变通之举。在同一位置反复测量数次后，选择最小数值作为船体宽度的下限（当时测量值为7米，与后来实测船宽9.35米有很大差距）。

沉船三维数据中最难获取的是船体的残存高度。熟悉中国古代船舶结构的人都知道，宋元时期中国海船的横剖面是"V"形，这种结构能增强船舶的航速和稳定性。前期探摸资料表明，"南海Ⅰ号"在沉没过程中并没有侧翻，而是船身笔直地插进海底淤泥中。如果沿着"V"形

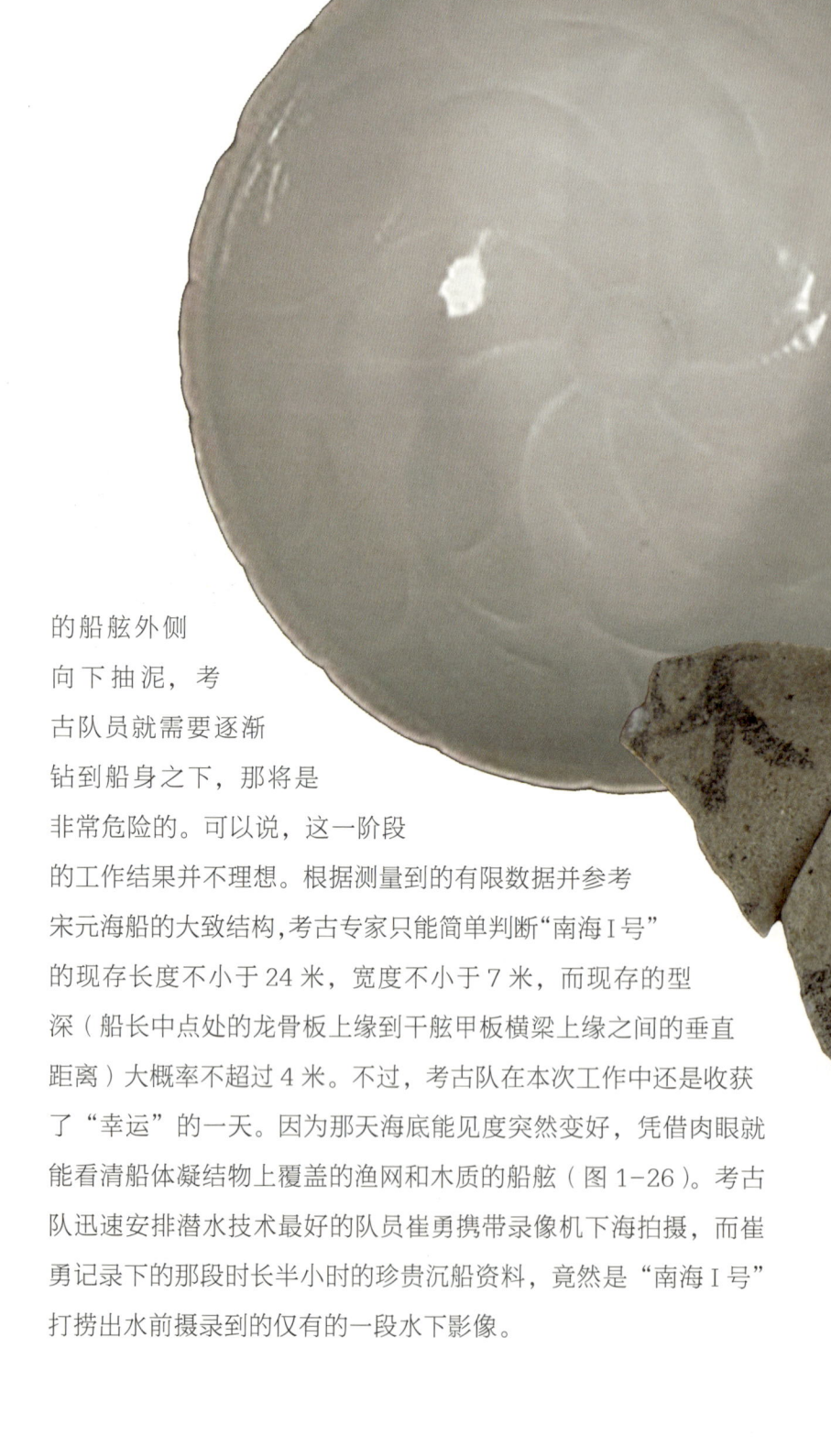

的船舷外侧
向下抽泥，考
古队员就需要逐渐
钻到船身之下，那将是
非常危险的。可以说，这一阶段
的工作结果并不理想。根据测量到的有限数据并参考
宋元海船的大致结构，考古专家只能简单判断"南海Ⅰ号"
的现存长度不小于24米，宽度不小于7米，而现存的型
深（船长中点处的龙骨板上缘到干舷甲板横梁上缘之间的垂直
距离）大概率不超过4米。不过，考古队在本次工作中还是收获
了"幸运"的一天。因为那天海底能见度突然变好，凭借肉眼就
能看清船体凝结物上覆盖的渔网和木质的船舷（图1-26）。考古
队迅速安排潜水技术最好的队员崔勇携带录像机下海拍摄，而崔
勇记录下的那段时长半小时的珍贵沉船资料，竟然是"南海Ⅰ号"
打捞出水前摄录到的仅有的一段水下影像。

图1-24
景德镇窑生产的折枝花卉纹青白釉碗

图1-25
墨书"林六哥"

图 1-26
船体上的凝结物

  2002 年的工作中，考古队从沉船中提取了大量陶瓷器，也在抽泥过程中采集到 1 万多枚铜钱和少量铜环、铜珠，亚腰形银锭，动植物残骸等。打捞出水的船板历经海水长期浸泡已相当疏松，但是色泽依然鲜艳，这是因为被淤泥掩埋而隔绝了氧气的缘故。2002 年工作的另一项成果就是绘制了试掘探方平面示意图（图 1-27）和沉船平、剖面示意图（图 1-28）。受海水能见度影响，所有测量数据都是通过绳索测量方式获取的。一位考古队员事后说，当时绘制的考古线图准确率大概只有七八成的样子。这与科学考古的要求相去甚远，但在"南海 I 号"沉船海域的环境条件中已是相当难能可贵了。

  看过陆地考古现场的人都知道，遗址中发掘出来的泥土不能随便丢弃，要用网眼大小不同的筛子进行筛选，防止混入泥土的小件文物或者细小的动植物遗存等丢失。在海底要想完成类似筛选显然不可能，为了不遗漏淤泥中的文物，考古队使用了一件"秘密武器"——气升式抽泥机，这是利用气流从高压区向低压区流动会产生吸力的原理而制作

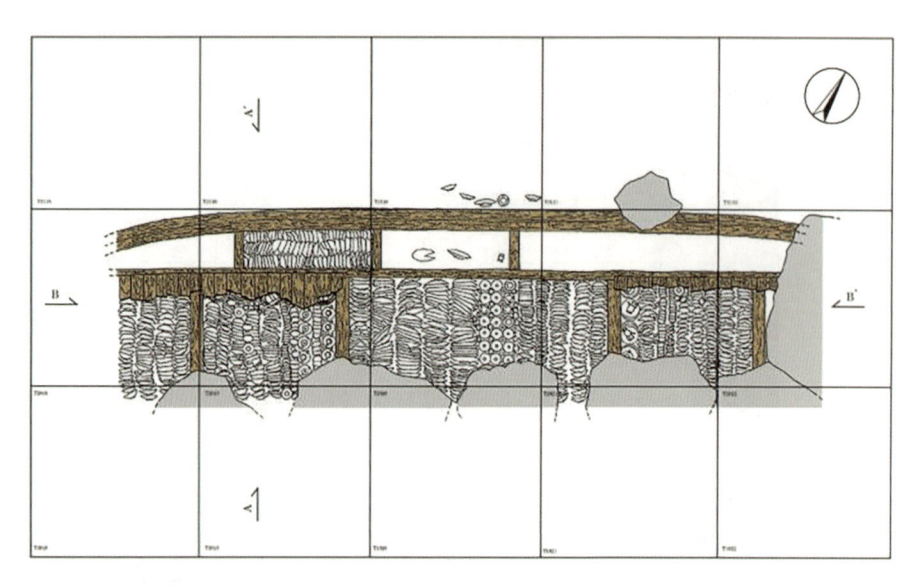

图 1-27 2002 年绘制的试掘探方平面示意图

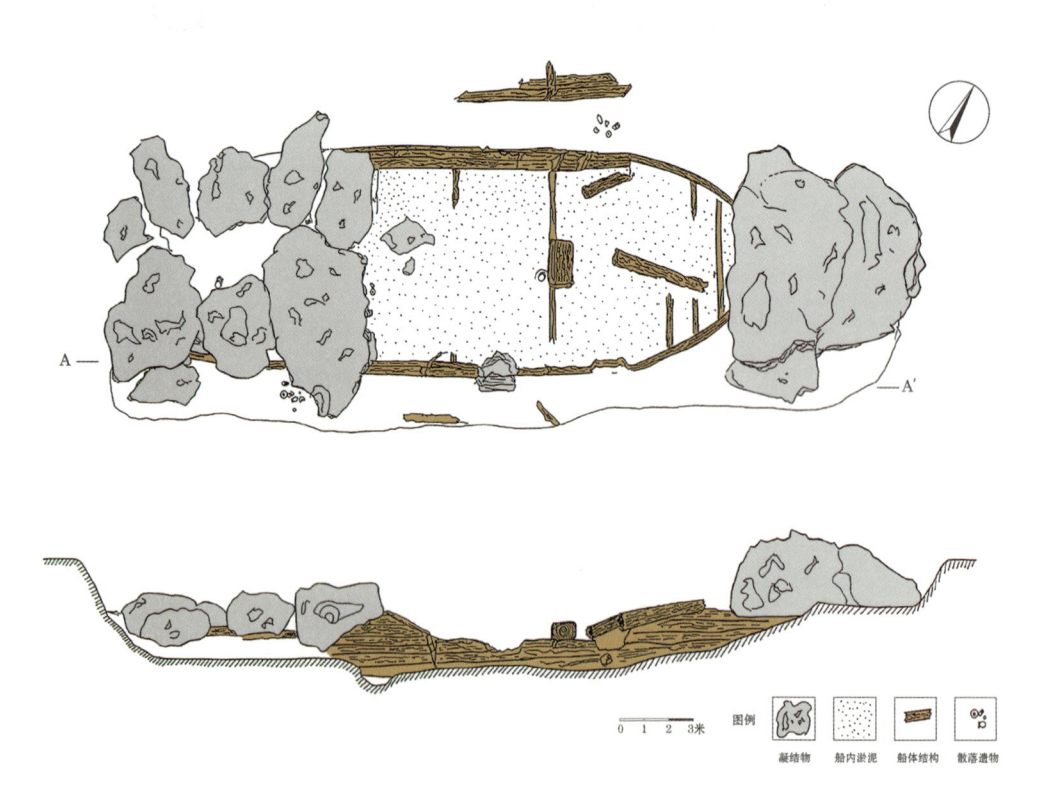

图 1-28 2002 年绘制的沉船平、剖面示意图

出来的设备。在海洋中，水深每增加10米会增加一个标准大气压。位于水下24米的"南海I号"，其周围的水压超过3个大气压。只需要在水下抽泥管口内侧注入压缩空气，就会立即带动水流沿抽泥管向低压的海面方向流动，其产生的吸力能把抽泥管口附近的泥沙和其他物体抽走。抽出来的东西不会随意排放，而是要在另一件"秘密武器"中进行过滤。这是一件1米见方，外壁密布1平方厘米大小网眼的金属过滤筐（图1-29）。所有大于这个孔径的物体都会被留在筐中以便进一步拣选。正是这种看似简单的设备挽救了很多小件文物，"南海I号"上散落的一些金指环（图1-30）、铜钱或者植物果核等都是通过这样的方式被收集到的。考古队员甚至还拣选出两个眼镜蛇头骨，大家开玩笑说："船上或许会有印度商人，那些南亚人可是有豢养蛇宠的习俗。"

2002年的两次考古增强了考古队员的信心，也让国家文物管理部门认识到"南海I号"的重要性。随后两年，"南海I号"考古队又两次执行考古探测任务，主要是继续摸清沉船保存状况、探测沉船海域的地质和水文状况，为编制沉船考古和保护方案采集基础数据，如旁侧声呐影像等（图1-31）。辛勤付出终于换来了回报，考古队逐渐掌握了"南海I号"的现存状况："残存长度约24米、宽约9.8米，残高在3.5米左右；船体上层结构不复存在，但是船体总体保存情况不错，部分上甲板仍然留存，上甲板以下的部分基本完整。"从船舷的多层壳板结构和鱼鳞搭接技术看，"南海I号"是一艘中国制造的远洋商船。根据历次考古调查的信息，考古队员推测"南海I号"至少装载了6万~8万件包括陶瓷器、金属器在内的各种船货。

图 1-29
金属过滤筐

图 1-30
出水的金指环

图 1-31
"南海Ⅰ号"的旁侧声呐影像

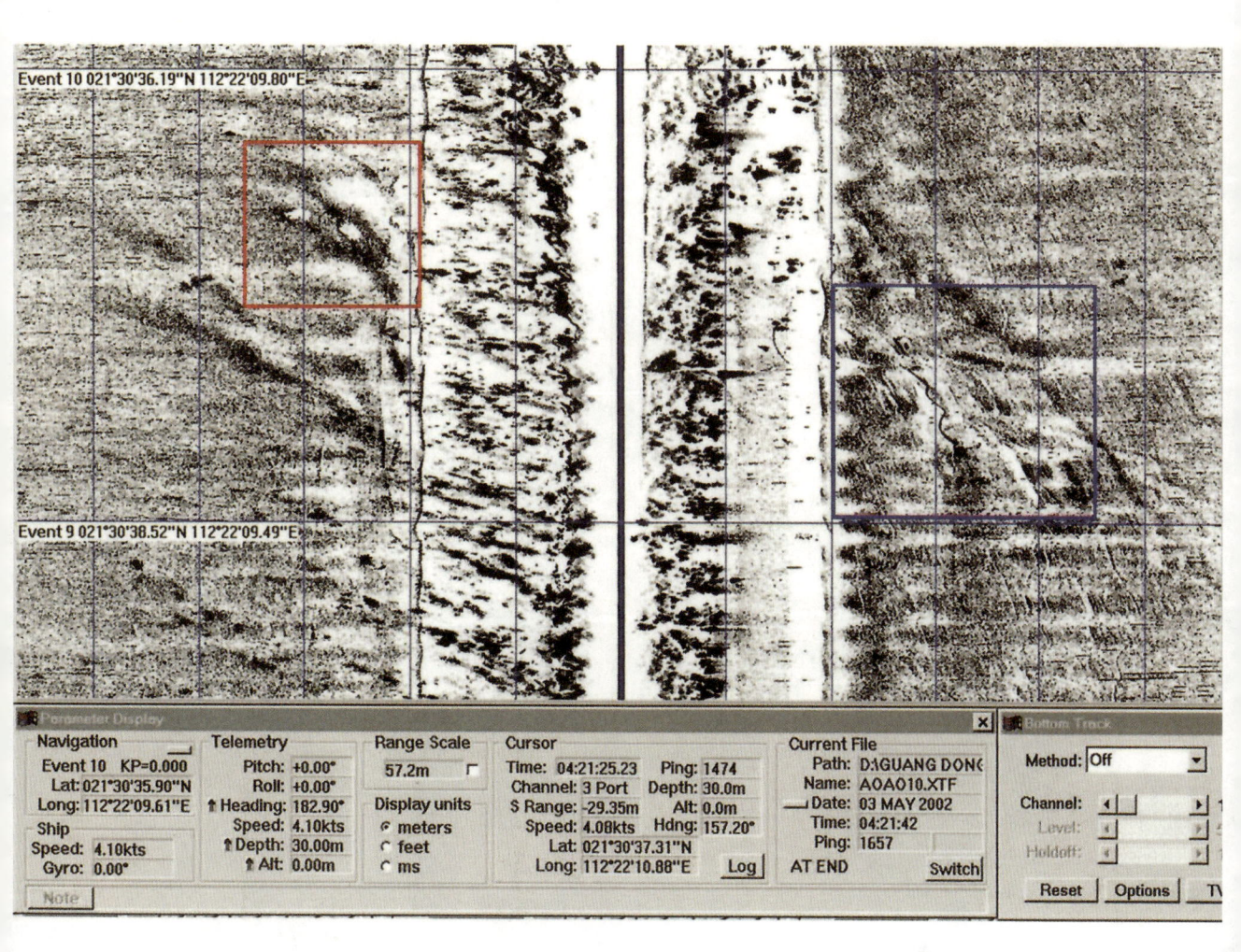

复杂多变的季风气候、速度较快的海底水流、厚重的淤泥覆盖、零能见度的海洋水体，使得在沉船原址对"南海Ⅰ号"进行考古发掘无法实施。然而，已经积累了十多年实践经验的中国水下考古队并没感到束手无策，他们决定针对"南海Ⅰ号"的埋藏特点采用一个全世界没人尝试过的新方法，即使用特制的金属沉箱装载"南海Ⅰ号"，把船体、船货和周围泥沙按原状固定在箱体内，然后把它们整体吊浮出水并迁移到可控、安全的新环境中进行科学的考古和保护。这种被称为"整体打捞法"的考古实践，是世界水下考古技术上的一次重大创新。

　　2007年12月27日，"南海Ⅰ号"被顺利迁移到广东海上丝绸之路博物馆"水晶宫"中，标志着沉船整体打捞项目的圆满完成。

贰

打捞篇

第 1 节

殷墟遗址 YH127 考古的启示

"南海Ⅰ号"沉没超过 800 年，虽有淤泥的覆盖保护，但木质船体的强度已大幅降低，这对考古学家来说并不是什么难题。世界范围内比"南海Ⅰ号"更加古老的沉船数量不少，其中很多都曾成功进行过考古发掘。"南海Ⅰ号"考古的特殊性与它所处的海洋环境密切相关。相比于海水能见度高达二三十米的地中海、加勒比海等海域，中国水下考古学家面临的最大困难就是我国近海海域的低能见度环境。"南海Ⅰ号"沉没在珠江入海口西侧的下川岛附近海域，因地球自转带来的大量珠江泥沙和营养物质在这一带富集，自然光无法穿透海水到达海底，深度超过 18 米的海底已基本没有了能见度。参加过"南海Ⅰ号"打捞工作的考古人员这样描述水况：不超过 10 米水深时，海水透明性好，能看清楚自己周边 10 米左右范围；深度超过 10 米则能见度迅速降低；15 米以下海水已变成昏黄，视野越来越小；超过 18 米，则海水环境一片漆黑。这样的环境里，不是配备一些照明设备就能"看得见"的。海水中悬浮颗粒密集造成光线无法穿透，从而导致海水能见度奇差。在这里，即使用强光源来照明，光线也会因为水中悬浮颗粒阻挡而发生反射和漫射，导致无法看清前方的环境。没有能见度，就意味着考古所需的科学数据采集和记录，包括遗迹遗物观察、记录、绘图、摄影、录像等，都无法有效实施，而水下考古的科学性也将荡然无存。

早在中日联合进行"南海Ⅰ号"调查时，考古队员们已经意识到这里的海水零能见度将会成为"南海Ⅰ号"考古的最大障碍。当然，海洋环境给考古带来的困难还不止如此。"南海Ⅰ号"的沉没地点位于南海北部的季风气候区内，无论是台风盛行的夏季还是东北风肆虐的冬季，海水都会因为季风的到来而流速加快变得更加浑浊，让水下考古工作无法开展。一般来说，环中国海地区理想的水下考古时间是每年 4—6 月以及 9—11 月，因为这两个时段是亚洲大陆东部地区的冬夏季风转换时节，海面风浪相对较小，海水流速也相对平缓。另外，沉船所在海域的海水流动性好，海底回淤速率快，费时抽泥而获得的海底工作面会在较短时间内就被回淤海泥填平。在这种环境中抽泥清淤的工作方式，显然效率是非常低的。如何克服海域环境给考古工作带来的困难，全世界范围内都没有相似的考古案例可供参考。

棘手的是，"南海Ⅰ号"考古和保护工作刻不容缓。沉船距离陆地的最近直线距离只有约 20 海里且埋藏深度不大，防止"南海Ⅰ号"被非法盗捞或渔业生产破坏的压力非常巨大。公安部门曾收到消息说，来自东南亚的文物贩子正在跟国内的不法分子联系，试图盗捞"南海Ⅰ号"文物。为防止不法破坏，国家文物局和广东省人民政府都专题部署过安保工作，广东边防武警还建立起快速反应机制，加强海上巡逻和威慑，对沉船附近海域的可疑船只进行驱离。"南海Ⅰ号"所在海域的生物资源丰富，是传统渔区，拖网作业和其他渔业活动都可能给沉船造成无法挽回的损坏。

如何开展"南海Ⅰ号"的抢救性考古工作，是摸清楚沉船大致情况后一直困扰考古专家的问题，也是"南海Ⅰ号"项目组讨论最多的话题。有人曾经尝试提出几种设想，比如在沉船地点建造一座水下博馆，未来在博物馆里进行沉船考古；或者在沉船周围建造一个围堰，排干围堰里的海水再进行考古；或者用一个钢结构沉井围住沉船，通过向沉井内注入清水来改变海水能见度，然后开展水下考古。这些想法听起来似乎都有道理，一旦深入分析就会发现或多或少的潜在问题。比如建造水下博物馆的想法，且不说在水下20多米的施工难度，仅仅是要给博物馆打下坚固地基、做好博物馆防水防漏、应对台风海浪侵袭，以及游客如何进出等问题就已经很难解决了。而建造围堰发掘的想法，则是工程量过于巨大，且海水压力差会导致海底淤泥渗入围堰内部；同时，沉船考古不可能在短时间内完成，面对季风带来的狂风和海浪，如何保障围堰和文物安全都是巨大的难题。往钢结构沉井注入清水的想法也将会收效甚微，虽然注入清水后能暂时改善沉井内的水质，但是考古人员的细微扰动（考古过程中的抽泥、清淤、绘图、实物提取等一系列操作，无可避免会扰动海底淤泥）都会导致淤泥和细小颗粒漂浮起来，使水质变浑；而且沉井内没有水流，海水沉淀变清需要很长时间。如果没有可行的方案，"南海I号"就成了可望不可及的"宝藏"。就在考古队员一筹莫展时，广东省文物考古研究所的李岩提到了珠江三角洲一带有扒龙舟的习俗。每年端午节之前，当地村民会举办一个龙舟"起龙"仪式（图2-1），即把前一年埋入泥塘的龙舟挖出来清洗干净，用于训练和比赛。对于这种流传了千百年的做法，村民们虽然说不出道理，却知道这样可以让龙舟结实如新。他建议考古队尝试把村民的这种"朴素"环境保护法用到"南海I号"考古中，给"南海I号"量身打造一个有利于长期保存的人工环境，以便有充足时间进行考古、保护和研究。如果采用这种思路，"南海I号"考古要考虑的关键问题就从怎样进行科学的原址发掘转移到如何把沉船迁移到人工环境之中了。

在陆地考古中，把古代遗迹"打包"搬走的做法并不少见，小到用石膏加固提取易碎脆弱文物，大到整体搬迁大型墓葬、建筑等，都有很多成功案例。这种"打包"的最著名例子之一是对殷墟遗址YH127的考古。YH127是考古学的标记方法，其中Y代表殷墟；H代表灰坑，

图 2-1
龙舟"起龙"仪式

考古学家把古代储藏物品、堆放垃圾以及其他各种坑都称为灰坑；而127则是考古学家赋予这个灰坑的编号。

  YH127属于商代。商是我国历史上第二个王朝，虽然开国者商汤定都在亳（今河南商丘一带），但是后继的商王不断迁都，直到盘庚把都城迁到殷才稳定下来。殷位于现在的河南省安阳市小屯村一带，是商代晚期的政治、经济、文化和军事中心。后来，周武王打败了商纣王，建立周王朝，殷逐渐荒废，后人称其为殷墟并逐渐淡忘了其确切位置。1899年，清朝官员王懿荣因为治病的需要，派仆人去购买一味叫做"龙骨"的药材。当"龙骨"买回来后，王懿荣意外注意到药材上有人为刻划的痕迹。他仔细辨认后认为，这些刻痕可能是古老文字。龙骨就是甲骨，而其所载文字是中国已知的最早文字——甲骨文。或许人们会认为古代文物被当成药材吃掉非常可惜，可是在历史上这样的情况却时有发生，例如木乃伊就曾被欧洲人认为具有治病的功能，雪莱和莎士比亚的笔下都提到过木乃伊和药剂师的内容。王懿荣发现甲骨文的消息流传开来，很多人开始探究这些甲骨文到底出自哪里。

清末—民国时期的大学者，也就是为甲骨学作出大贡献的"甲骨四堂"中的罗振玉、王国维先后调查并考证出安阳小屯村是甲骨的出土地，而这里就是晚商的都城——殷墟所在。在时任"中央研究院"历史语言研究所所长傅斯年先生的大力支持下，该所专门成立了考古组，从1928年开始对殷墟进行了持续近10年的考古发掘。1936年春，对殷墟的第13次考古工作选择在小屯村的东北区域进行。6月12日是这次考古发掘的最后一天，按计划考古人员将在第二天返回南京进行考古资料整理、研究。当天下午4点左右，参加这次发掘的考古学家王湘在自己负责的发掘区域内发现一小片甲骨。于是，他用小铲子轻轻起出甲骨并向下掏了掏，结果下面还有一片甲骨。就这样，一片接一片的甲骨不断被发现，甚至有多层甲骨重叠在一起。到下午5点半准备收工时，王湘已经在0.5立方米的范围内清理出了3760片甲骨龟板。在场考古人员商量后认为，这是一个重要发现，应该暂停考古发掘。他们确认这些甲骨都出土于一个专门用来储藏甲骨的特殊灰坑中，便给这个灰坑编号第127，用浮土简单填埋坑口并派人看守。当晚，考古人员开会讨论如何处理这个灰坑及其中埋藏的甲骨。当时有人提出，甲骨层层叠叠不好确定分布范围的边缘，而且已经没有时间和经费继续在田野环境中提取甲骨了。为了让甲骨得到保护且不被扰乱，不如做个大木箱子把灰坑整个装进去，然后运回南京慢慢清理。这个建议得到了大家的一致赞同。于是，考古人员用了4天时间把灰坑周围的泥土挖开，露出一个高1米、直径1.7米的灰土柱，并找来木匠现场制作了一个包装灰土柱的大木箱（图2-2，图2-3）。费尽无数的心思后，一个3吨多重的木箱被运到了南京。

考古学家胡厚宣和他的助手在室内对甲骨坑进行了考古清理，成果非常惊人，一共获得了带字甲骨17096片，包括完整的带字龟甲近300板。其中一块龟板长0.44米，宽0.35米，是迄今为止殷墟出土的最大卜甲。YH127出土甲骨上的文字内容极为丰富，包括祭祀、田猎、农

图 2-2 YH127 的整体搬迁 1

图 2-3
YH127 的整体搬迁 2

业、天文、军事等，涉及当时社会生活的诸多方面，被誉为商朝的"地下档案库"。YH127 属于商王武丁时期，通过甲骨刻辞可知武丁有一位非常能干的王后——妇好，她既是王后，也是将领和祭司。武丁对这位王后非常关心，甲骨中多次记载他占卜询问妇好的健康状况。发现 YH127 的考古学家们没想到的是，40 年后这位妇好的墓葬也被发掘出来，成为新中国成立以来最重要的考古发现之一。

　　YH127 的发掘方法给考古队带来了灵感，他们专程去咨询了广州救捞局的工程师，认为可以通过模拟实验的方式验证"打包"迁移"南海Ⅰ号"的可行性。广东省文化厅（现广东省文化和旅游厅）的领导据此指出，"如果这种思路可行，未来还可以向省政府申请为'南海Ⅰ号'沉船量身打造一座博物馆，统筹沉船的考古发掘、文物保护与博物馆展示"。

第 2 节

借鉴"瓦萨"号考古

为了给"南海Ⅰ号"沉船"打包"考古的思路提供支撑,广东的考古和文物保护专家专门考察并研究了瑞典"瓦萨"号战舰考古项目。"瓦萨"号是一艘以瓦萨王朝建立者古斯塔夫·瓦萨(Gustav Vasa)命名的17世纪战舰,由瑞典国王古斯塔夫二世·阿道夫(Gustav II Adolf)下令建造。当时,瑞典王国与欧洲劲敌之间的战争已经断断续续进行了5年。为了控制波罗的海以获得战争优势,国王要求海军部门建造一批速度更快、火力更强的超级战舰,"瓦萨"号就是这个计划的核心之一。按照设计,这艘长69米、宽约12米,排水量达到1200吨的三桅战舰建成后将会是当时欧洲最强大的海上武装堡垒。古斯塔夫二世也对它充满了期待,所以当"瓦萨"号开建后,国王本人表现出极高的热情。他不满足于只做决策和监督,而是直接"指导"舰船建造,不断要求设计师按照他的想法修改设计方案。即便"瓦萨"号的龙骨已经安装完毕,国王还是命令增加战舰长度。而当他听说已有国家造出双层炮舰后,又要求设计师想办法增加火炮甲板,把

"瓦萨"号改建为"双层"，并创纪录给战舰安装了64门铜炮，这些铜炮每门自重1.5吨。当"瓦萨"号建造完成时，它无疑就是当时欧洲规模最大、火力最强的战舰之一。举国上下一片欢腾，官员们更是互相庆祝瑞典海洋强国梦即将实现。让所有人都没想到，年轻设计师虽然满足了国王的建造要求，但却"很不小心"地忽略了战舰的稳定性问题。1628年8月10日下午，斯德哥尔摩港口阳光明媚，145名水手、300名士兵驾驶着威武的"瓦萨"号在贵族和民众的欢呼声中缓缓开出军港。站在人群最前端的古斯塔夫二世微笑着目送战舰远去，祝福它在未来的岁月里纵横驰骋，为瑞典王国开疆拓土。然而，十来分钟之后，"瓦萨"号甚至还没有完全驶出斯德哥尔摩港口，就在一阵海风吹拂之下发生倾侧并慢慢沉向海底（图2-4）。送行的人群目瞪口呆，国王极为震怒，下令彻查事故原因并要求严惩责任人。当然，调查官知道"瓦萨"号沉没的原因在很大程度上与国王本人在战舰建造过程中提出的诸多要求有关，他们随便找了几个人作替罪羔羊，调查工作就不了了之了。30年后，一位海军军官曾利用简陋的潜水钟技术从斯德哥尔摩港口中打捞出大约50门铜炮，再往后，"瓦萨"号逐渐淡出了人们的视野。

图2-4
沉没中的"瓦萨"号

时间悄悄地过去了300多年，一位叫做安德斯·弗朗森（Anders Franzen）的瑞典考古学家提出了一个海洋考古新观点：波罗的海的低温低盐环境不利于嗜木海洋生物——船蛆的生长，所以瑞典历史上一些著名战舰大概率能够很好地保存下来。为了验证自己的想法，弗朗森把"瓦萨"号作为头号搜寻目标，他让船舶拖拽特制的铁耙犁对斯德哥摩尔港的海床进行来回梳耙。功夫不负有心人，1956年时，弗朗森终于在32米深的海港淤泥中发现了"瓦萨"号。瑞典政府获悉"瓦萨"号被重新找到，也非常重视，特别成立了瓦萨委员会来处理这艘战舰的打捞和保护事宜。委员会邀请瑞典著名的海王星公司和海军一起参与"瓦萨"号的打捞工作。1958年打捞工作开始，海军潜水员用了两年时间把船体里的压舱石及其他物件打捞出水，以减轻船体重量（图2-5）。然后，海王星公司在船底淤泥中开挖出6条隧道，穿入钢缆兜住"瓦萨"号船体，并把钢缆连接在注水下沉到与海面平齐的两艘浮驳上。通过让浮驳排水上升的提升力慢慢抬起"瓦萨"号并将其移放到较浅海床上，前后经过18次这样的挪移，"瓦萨"号终于被转移到浅水区域，工程人员对船体进行重新加固并更换了锈蚀的螺栓，然后使用液压千斤顶把沉船顶升出水（图2-6）。1962年，瑞典国王主持了瓦萨博物馆的开馆仪式，经过简单修理的"瓦萨"号被迁到博物馆里进一步保护修复（图2-7）。现在，瓦萨博物馆已经成为世界上最著名的沉船博物馆之一（图2-8），每年吸引超过百万名的游客前去参观。

"南海I号"和"瓦萨"号的情况有所不同。"瓦萨"号的船体由坚硬的北欧橡木制成，虽然在冰冷的海底浸泡了300多年，但木质仍然坚硬无比，可以承受钢缆起吊时产生的挤压力。而"南海I号"的主要建材是马尾松和杉木，在海底埋藏800多年后已相当酥松，承受不了太大的外力作用。"南海I号"所在的海域水体环境极差，也让清空船货减轻船体重量的工作无从实施。不过，只要能够让"南海I号"在打捞过程中船体处于不受力的状态，"瓦萨"号沉船打捞以及异地保存、展示的做法就可以借鉴了。做一个钢箱子，让箱体承受所有起吊运输过程中的外力，用现代海洋工程技术把沉船搬迁到可控环境中进行考古和保护的思路在逻辑上是说得通的。后来，广东省文化厅的领导把这个思路概括为整体打捞，用他的原话就是，"将沉船、船载物以及周围泥沙按原状固定在特制的沉箱内，将分散、易碎的东西一体化、一次性吊浮起运，然后迁移到可控、安全的新环境中进行科学发掘和保护"。

图2-5 打捞"瓦萨"号船体里的物件

图2-6 "瓦萨"号出水

图 2-7 博物馆中陈列的"瓦萨"号

图 2-8 瓦萨博物馆

第 3 节

打捞方案出台

　　殷墟遗址YH127的考古和"瓦萨"号战舰的打捞给考古专家带来了开展"南海I号"沉船打捞的灵感。然而,想法和现实之间有时候并不能完全画上等号,要让想法成为现实很多时候需满足一些前提条件,以及周全的前期准备、严谨的实施方案和科学的现场施工。对于海洋里的"南海I号",要搞清楚两个前提条件才能确定能否实现整体打捞。第一是海床底质状况,如果沉船周围或者下部淤泥中有礁石或者基岩,那么沉箱下压和安装底板的工作就无法实施;第二是沉船海域的水文状况,特别是海水流速的大小。从2003年开始,考古队已经开始邀请华南理工大学、中国科学院海洋研究所、中山大学等高校和科研机构的海洋环境、海洋工程、航海造船领域的专家加入工作团队,合作进行沉船海域的地质、气象、水文调查与数据分析。

　　在海床底质调查方面,之前的考古试掘中已知沉船外侧宽、深各2米的范围内都是淤泥、没有岩石,所以勘测重点放在了沉船外围深度在2米以下的底质层和沉船下方。沉船周围的地层淤积物可以用钻机提取，考古队在距离沉船船艏、船艉和船舯外侧1.5米处，各选几个点钻探取样（图2-9，图2-10）。先由潜水员在水下确认钻孔位置，确保钻机不会对沉船和周边散落文物造成破坏，然后再提取海床底质的柱状采样样本（图2-11）。当时在场的所有考古队员都非常紧张，万一海床底质情况不理想，那么很多前期工作都会变成无用功，整体打捞也就无从谈起。好在沉船周边的底质非常理想，从海床表层往下1.5米都是流塑状淤泥（一种含水量很大的稀泥巴，状态介于固体和液体之间），再往下是平均厚度28米的软塑状淤泥，硬度比第一层明显增大，用手捏起来的感觉接近橡皮泥，再往下是黏土和粗砂。沉船正下方的海床底质没办法进行钻探，则采用遥感探测。浅地层剖面仪探测显示船体下方底质与周围一致，也就是说沉船地点的海床在厚达30～40米的范围内都是泥沙质沉积物，没有岩石等坚固障碍物。

海水的流速可以用流速器测量，听起来很容易完成，可实际操作起来还是很复杂的。海洋水体是分层的，不同水层的水体有着各自的物理状态和运动特点，也就是说不同深度的海水在流速、流向和能见度方面可能差别很大。所以，必须获取沉船地点海水的全深度、长时段和连续性的动态流速才能给考古工作提供更加有效的参考数据。海水流速的采集时间有特殊要求，需要选在农历每月初二、初三或者十七、十八这些日子。因为这时太阳和月亮的引潮力最大，由此引发的天文大潮会让海水流速达到峰值。每次测量的时间长度都要超过6个小时，测量结果才是涵盖高平潮和低平潮的完整周期数据。技术人员会选择在同一测点每隔2米水深测量一次，每次测量30～60秒。类似的测量按照预定的系列测点反复进行，最后将多组数据进行综合分析，得到从海面到海床的水流立体变化情况。最终测算结果显示，在天文大潮时"南海Ⅰ号"沉船地点的表层海水最大流速为每秒0.74米，随着深度增加，流速呈下降趋势，水流速度完全满足海洋施工的安全条件。整体打捞实施的前提条件完全具备。确定了前提条件，下一步就要考虑方案的可行性了。

广东省文化厅把整体打捞思路向国家文物局汇报后，得到的答复

图 2-9
钻探取样 1

图 2-10
钻探取样 2

图 2-11
海床底质的柱状采样样本

是，对于"南海I号"这样重要水下文化遗产的考古，不能只有一个思路，应该提供多种思路进行比选。随后，国家文物局根据当时国内水下考古机构和专业人员情况，指定国家博物馆（由中国历史博物馆和中国革命博物馆于2003年合并而成）和广东省文化厅分别牵头编制了两套不同思路的"南海I号"考古方案，也就是后来所说的《"南海I号"原地打捞发掘方案》和《"南海I号"整体打捞及保护方案》。2005年5月16日，国家文物局在北京组织召开了"南海I号"发掘方案论证会（图2-12）。来自文物考古、海洋工程、海洋气象与环境、海军等领域的20位国内顶级专家参加了会议，包括正在主持重庆白鹤梁遗址保护展示项目的葛修润院士。白鹤梁是长江中的一条长约1600米、宽约25米的石梁，上面刻有唐朝广德元年（763）以来的历代文字题刻165段，白鹤、观音等图案，以及1200年间的72个枯水年份水位，有"世界第一古代水文站"之称（图2-13）。然而，这个重要遗址因为长江三峡水利枢纽的建设而将被完全淹没。葛院士按照"原址建馆、原环境保护、原状态展示"原则，创造性提出运用"无压力容器方案"建设水下博物馆（图2-14，图2-15）。白鹤梁遗址保护方案的创新思维在国内获得极高的赞誉，因此，国家文物局希望葛修润院士能够为"南海I号"的保护提供智力支持。本次论证会上，国家博物馆和广东省文化厅各自提交的"南海I号"考古方案虽然都由"打捞+保护"两个环节组成，但两者在实施思路、技术方法、工期和资金投入上却有着极大的不同。国家博物馆提交的原地发掘打捞方案的基本思路是先考古后打捞，即采用传统水下考古方法把沉船里的文物提取出来，减轻船身重量，再使用沉箱把沉船本体搬运到陆地环境中进行保护和修复。这一思路参考了英国"玛丽·罗斯"号（Mary Rose）、瑞典"瓦萨"号两艘战舰的考古方式。对于评审专家提出的"南海I号"所在海域水体浑浊，能见度为零的问题，国家博物馆专家认为可以先利用打捞沉箱把沉船周围的水体与周围海水隔离开的办法解决，也就是用一个内径比沉船长宽各多1米，高14米的钢结构箱体罩住沉船，箱体下部深入海床6米以包裹

图 2-12 2005年"南海Ⅰ号"发掘方案论证会

图 2-13 淹没前的白鹤梁题刻

图 2-14 白鹤梁水下博物馆

图 2-15
博物馆中的白鹤梁题刻

沉船，上部则露出海床8米，通过向海底沉箱中加注清水，改变箱体内的水体能见度，并依托沉箱边缘设立照明灯阵系统。当船货提取完毕后，再利用沉箱把清空的船体打捞迁移到陆地环境中进行保护。参会专家反复讨论了这个方案的技术细节，认为其最大优点在于利用了成熟的水下考古技术，通过原地打捞发掘逐一提取水下文物有较多的案例借鉴。同时，专家们也坦率指出了几处不确定因素的风险：首先是工期问题。因为南海每年工作时间有限，且"南海I号"船体巨大，预计整个现场发掘将持续3～5年。这种长时段的海洋工作，不仅会大幅增加费用投入，也会让位于海底的沉箱存在被涌浪、台风破坏的危险。其次是水体置换问题。沉箱内的水体置换并不简单，且不说清水的获取和运输存在难度，水下工作人员的扰动也容易将箱体内的水体搅浑，从而影响考古的进度质量。

广东省文化厅的整体打捞方案则是直接用钢结构沉箱把沉船及其周围泥土固定，不需要进行现场考古，而是把装载有沉船的沉箱打捞出水并运送到广东省人民政府承诺新建的博物馆中进行后期的考古发掘和保护。与2003年广东考古专家提出的整体打捞原则方案相比，这次方案中不同于原计划在博物馆对出海面开挖航道，然后用潜航驳船把沉箱送进博物馆的做法，而是改为在海岸建设临时码头和牵引通道，通过陆地拉移法把沉箱移入博物馆。这种改变，一方面降低了海洋工程难度，另一方面也能循环使用整体打捞中用到的材料。对于这个方案，评审专家也有担心，特别是有关沉箱的安全性问题。毕竟装载着沉船、船货和淤泥的钢结构沉箱出水重量超过5500吨，把这样的庞然大物打捞出水，一旦出现意外，沉船及文物将遭受灭顶之灾。关于这个问题，整体打捞方案在原有使用7000吨驳船整体抬浮沉箱的思路基础上，进一步提出了采用起重船直接起吊的思路作为备选。提出起重船直接起吊思路的契机是当时交通部广州打捞局（在2004年的机构职能调整中，交通部广州救捞局改名交通部广州打捞局）正在立项建造4000吨级的全回转起重船舶"华天龙"号。这艘起重船一旦建成，其起吊能力将达到亚洲第一位，用这样的海上大力神提取水下沉箱就显得举重若轻了。

与会专家认为，使用7000吨驳船抬浮技术的优点在于工程所需的驳船、半潜驳船、提升千斤顶等都是现成的常规设备，且国际上已有较多的抬浮打捞成功案例。较早的有20世纪60年代"瓦萨"号战舰的双驳船抬浮案例，晚近的则有21世纪的单驳船打捞项目——俄罗斯"库尔斯克"号（Kursk）潜艇打捞。"库尔斯克"号是俄罗斯第四代巡航导弹核潜艇，是俄罗斯海军反航空母舰的核心力量。2000年8月，"库尔斯克"号在巴伦支海域参加军事演习时连续发生两次大爆炸并沉没，艇上118名官兵全部遇难。当时，这艘全长154米，重量达9500吨的巨型潜艇沉没到了108米深的海底。2001年，俄罗斯与荷兰打捞公司签订打捞协议，建造了一艘配备了26套液压提升千斤顶系统的"巨人4"号起重打捞船。为防止"库尔斯克"号装载导弹的前舱在起吊过程发生危险，打捞中先对潜艇前部进行了切除。因为潜艇本身的强度足够，工程人员在潜艇顶舱壁上切割出26个圆孔，从"巨人4"号起重打捞船上将26束钢缆沿圆孔放入其中，通过钢缆前段类似膨胀螺丝的装置将钢缆固定在潜艇舱壁上，然后用"巨人4"号液压起重系统把潜艇提升至船底部固定，拖航到专门修建的船坞之中。这其中有个关键难题，就是在提升过程中，"巨人4"号会随着波浪上下浮动，进而可能会导致打捞失败。为解决这个问题，工程师专门研发了"海浪补偿系统"，通过调节液压提升千斤顶的绝对高度，以保证每束钢缆受力相同。此次打捞行动耗时两个多月，投入费用约1.3亿美元。当然，如果要把这一技术运用到"南海Ⅰ号"整体打捞中，就需要考虑沉箱吊离海床后到半潜驳船下潜点的长距离拖航，文物安全容易受到风浪、海流和天气等因素的影响。相较而言，使用4000吨起重船直接吊浮沉箱思路的优势在于所需时间较短、费用较低，受天气等外在因素影响较小，不利之处是需要等"华天龙"号建成后才能实施打捞起吊项目。这种直接起吊古代沉船的做法在世界范围内并没有可供参考的案例。另外，由于4000吨起重船在起吊沉箱时只能采用单钩起吊，悬挂在沉箱16个吊点上的钢缆怎么保持均衡受力也是需要解决的技术难点。对此，广州打捞局专家计划设计一个定位架将起吊沉箱的钢缆平均分成四组，使用平衡滑车实现各组钢缆的均衡受力，然后再使用起重船起吊沉箱。考虑到这样做将能够大幅度缩短作业时间、降低打捞费用并降低天气、海流等因素给工程带来的安全隐患，与会专家大多数同意选择4000吨起重船吊浮沉箱的思路。

经过激烈的讨论，论证会专家最终建议在整体打捞方案的基础上，由广东省文化厅牵头，根据专家建议和打捞技术需求，在吸收原地发掘打捞方案优点的基础上，编制更具科学性、严谨性和安全性的实施方案。同时，专家们还建议在新方案中增加对打捞、发掘、保护过程中的文物安全风险评估并提出有效的应急预案。论证会后，《"南海Ⅰ号"整体打捞及保护方案》进入优化阶段，针对可能存在的风险点增加了科学计算和模拟实验，并未雨绸缪地补充了多项考古与保护技术预研究成果，比如《"南海Ⅰ号"外围散落文物清理方案》《"南海Ⅰ号"出水文物保护预案》等。2006年6月中旬，国家文物局再次组织专家对修改后的《"南海Ⅰ号"整体打捞及保护方案》进行论证。此次，专家认为方案"设计指导思想正确、施工工艺先进、资料齐全、数据可靠、设计合理、结构完整，并以有关学科理论为依据，通过模拟试验进行实践，切实可行"。至此，终于确定了"南海Ⅰ号"的打捞及保护的所有技术细节，并将整体打捞的开始日期确定为次年的4月初，因为这个时候正是每年南海海域风平浪静的季节，所有人都在祈盼着"南海Ⅰ号"重现世间那一天的到来。

2007年1月，负责"南海Ⅰ号"整体打捞项目先遣任务的沉船定位技术团队率先出发前往工作地点，他们的任务是要抽走沉船上部的淤泥，切掉阻碍沉井下放的船艏凝结物，并在船体上方安装"L"形的水下定位框架，为即将到来的整体打捞做好最后的准备。这是一项并不复杂的工作，技术团队普遍认为很快就能完工返回广州，过个愉快的春节，然后安心等待4月份整体打捞工程的正式开始。然而，当原来认定的船头位置的上覆凝结物被切割搬走后，工程人员发现沉船两侧舷板仍向前延伸出一大截，之前测量的尺寸有误！原来设计的沉箱尺寸已无法装下整个沉船，只能修改设计，增加沉箱的长度。好在工程人员重新计算后确认，虽然适合打捞的沉箱外框长度将达到惊人的35.7米，但其装载沉船及周边泥沙后的水下重量仍在"华天龙"号起重船的安全起吊范围内。

第 4 节

清理周边文物

2007年4月8日，第一批考古队员以及配合工作的海洋探测技术人员进入打捞现场，"南海I号"整体打捞项目自此正式拉开序幕（图2-16）。按照工作规范，考古队要在水下工程开始前尽可能探明并收集沉船附近散落的各类文物。因为水下能见度几乎为零，没办法通过潜水调查方式获取文物散落情况。考古队员选择了双频高分辨率旁侧声呐和浅地层剖面仪来辅助完成对沉船周边区域的高精度扫测（图2-17）。为了不遗漏沉船周边散落的大块凝结物和文物，海洋探测技术人员把仪器的扫测范围设定为以"南海I号"为中心，边长1000米的正方形区域，发现可能是文物的水下疑点后立即在海图上进行标注。声呐扫测把沉船上部覆盖的凝结物以及周边散落文物分布情况全部显示出来，对比发现与2001年以来的历次沉船探摸情况是吻合的，与沉船本体距离越远的区域散落的文物数量越少：沉船船舷外侧约1米的范围内有少量船体残块、以铁锅为主的船货和从船体上部延伸出来的凝结物；更远的1～4米区域则基本不见"原生"状态的文物，主要

072 "南海Ⅰ号"船说
——从中国水下考古看海上丝绸之路

图 2-16
考古队抵达打捞现场

图 2-17
沉船周边区域扫测

是1987年发现"南海I号"时被抓斗破坏后又倾倒回海中的陶瓷器、金属器碎片形成的大小不等的凝结物；而距离沉船船舷5米以外区域，没有发现存在散落文物或者船体残块的情况。浅地层剖面仪的探测也获得了另外的信息。2007年1月对沉船进行精确定位时在船舷附近形成的抽泥坑还没有淤平，沉船表面覆盖有平均厚度大概1米的淤泥，从泥面至船底的深度总体不超过5.1米，也就是说沉船保留下来的船体高度在4米左右。

4月11日，广州打捞局的"南天柱"号起重工程船到达"南海I号"所在海域，同船到达的还有广东省内文博机构抽调的12名水下考古队员。随即展开的考古工作分为两个阶段。第一阶段，也就是前10天主要是集中力量绘制沉船上部那些尺寸大于0.5米的凝结物分布情况。完成一片区域后就交由广州打捞局的工程人员对凝结物进行切割和起吊，因为这些覆盖在沉船表面的凝结物会影响钢沉井上的钢梁安装，这些钢梁未来是用于承放静压水泥块的。第二阶段是清理沉船船舷外侧1~5米区域内的散落文物及凝结物。之所以把沉船外围散落文物的清理范围设定为船舷外侧1~5米，主要是因为船舷外0~1米区域的淤泥及包含物将与沉船一起被整体打捞并运送到博物馆中进行精细发掘，而1米以外是将来要开挖的区域，而且在这个区域散落文物数量较密集。声呐扫描数据提高了水下考古效率，不过糟糕的水下环境让工作质量受到较大影响。考古队根据"南海I号"的实际情况，发明了"工字型游尺"测量法，就是依托精确定位时在沉船纵向中轴上加装的工字钢梁，辅助架设带刻度的横向小钢梁，通过矩形测量法获得被测物体的大致坐标。因为不少散落文物位于淤泥内部，需要用气升式抽泥机把淤泥抽走。为了防止遗漏小件文物，考古队在抽泥管出口处悬挂金属筐来进行过滤，以便"留下"淤泥中的文物。整个4月，沉船海域的天气和水文条件都较好，水下能见度居然长期保持在10厘米左右，这为考古人员清理散落文物提供了

图 2-18
水下能见度

图 2-19
起吊大型凝结物

较好的工作条件（图2-18）。考古队先对抽泥后露出的个体较大的文物进行编号、测绘，然后采集出水；凝结物则在完成编号、绘图后，由潜水员根据凝结物大小选择钢缆绑缚或网兜采集等方法，在确认不会影响文物安全的前提下起吊出水（图2-19）。不要小看水下考古工作的这些事，在20多米的水下，人的反应和活动能力都会有所下降，加上免减压潜水的工作时间有限，所以潜水工作前必须明确具体任务以提高工作效率，也需要把每次潜水的工作量安排得非常饱和。

到5月4日，"南海I号"外围散落文物及凝结物的清理工作全部结束，共清理出各类文物137组近500件。文物种类较为丰富，其中绝大部分陶瓷器和金属器都可以确认为外销货物。陶瓷器来源广泛，

图2-20
铁锅凝结物

076 "南海Ⅰ号"船说
——从中国水下考古看海上丝绸之路

图 2-21 鎏金龙纹镯

图 2-22
胶结瓷器的凝结物

图 2-23
篾片

包括景德镇窑系、龙泉窑系以及福建若干窑口的产品，如影青瓷、青瓷、青白瓷和绿釉瓷器等；金属器种类多，主要是成摞、成捆的铁锅（图2-20）和铁坯件，以及存放在陶瓷器中的铜环、铜珠等。其他种类的文物数量相对较少，不能确定是船货还是船员自用物品，包括鎏金龙纹镯（图2-21）、金镯、漆器和锡器等。清理出水含瓷器凝结物在内的129块凝结物个体大小不一（图2-22），最大一块长宽均接近2米，重达数吨。因为长期被淤泥覆盖，不仅沉船的木质船体保存较好，还采集到不少没有炭化的有机质遗存，如植物种子和用来包扎货物的篾片（图2-23）等。

为了防止文物在清理出水后因脱水过快而损坏，考古队针对不同文物的材质特点采取了不同的初级保护措施。对于陶瓷器和漆木器等采用蒸馏水浸泡，以便把溶解在文物内部的盐分逐渐置换出来；对于受海水腐蚀程度较小的金器、铜器等文物，则在清洗晾干后放入密封袋保存；体积大、不规则的凝结物用透气遮阳布覆盖，一天数次喷淋海水保持其湿润，当出水凝结物积累到一定数量后，再集中运送到阳江市博物馆，放入专门为"南海Ⅰ号"打捞修建的玻璃钢水池中进行浸泡保护。

第 5 节

安放金属沉井

2007年5月16日，在广州预制好的钢沉井运抵"南海I号"打捞现场（图2-24，图2-25）。这可不是一般的箱子，它是一个高科技的"巨无霸"（图2-26）。从形状上看，钢沉井平面呈"回"字形，长35.7米，宽14.4米，自重550吨，这时候的钢沉井下部是没有底板的（图2-27）。为了保证钢沉井压载和起吊过程的安全，设计者对钢沉井结构进行了巧妙的设计。钢沉井由上下两部分组合而成，其中上半部高7.5米，下半部高5米，之所以要设计成这样，是为了防止钢沉井两侧淤泥开挖后，钢沉井内外压力变化导致钢沉井底部淤泥隆起，挤压船体。在钢沉井准备起吊出水前，工程人员会进行水下切割，把上、下钢沉井分离，从而将重量控制在安全范围内。下钢沉井的下部设计成内切的楔形，这样更有利于钢沉井壁插入淤泥。钢沉井的四壁采用了中空的"双壳体结构"设计，也就是总厚度为1.2米的钢沉井壁面是由两层有"之"字形钢结构支撑的壁组成。这种结构一方面可以有效防止钢沉井壁因为承受海水压力而发生变形，另一方面可以利用

080 "南海Ⅰ号"船说
——从中国水下考古看海上丝绸之路

图 2-25
运抵打捞现场的钢沉井

Nanhai I Shipwreck　贰 打捞篇　081

图 2-24
预制完成的钢沉井

图 2-27
下部没有底板
的钢沉井

图 2-26
钢沉井结构示意图

壁面的中空结构灌沙，加大钢沉井自重以达到快速下沉到预定深度的目的。设计者还在上钢沉井下部预留出椭圆形的泄沙孔，当压载到位后，可以通过打开泄沙孔让钢沉井壁中的泥沙排出来以达到减轻钢沉井重量的目的。钢沉井外壁装配了数十根高压旋喷定位管，当钢沉井压到预定的深度后，把特制的速凝水泥浆通过旋喷管注入下钢沉井外侧淤泥中，让周围淤泥凝固变硬，防止钢沉井继续下沉，也可以为下一阶段的底托梁穿引提供较硬的"工作平台"。另外，钢沉井顶端的半圆形吊点全都设计成向心结构，即这些吊点均朝向钢沉井顶部的中心点，一旦起吊可以保证连接吊点和吊钩的每条钢缆受力均衡，起到维持钢沉井平稳的作用。

为了确保打捞的安全性，钢沉井的尺寸有着严格的控制，也就是内壁的长宽比沉船现存长宽的最大值各多0.5米。所以钢沉井在下沉过程中必须精确定位，防止出现偏差，对沉船造成破坏。为了能使巨大的钢沉井在伸手不见五指的海底精准罩住沉船，广州打捞局的技术人员提出了三重保险法。第一个方法是在沉船周边设置"L"形定位框架，标示沉船的准确位置；第二个方法是潜水员在水下实时监控钢沉井的下沉状态，并确认钢沉井四角与定位框架的四角对标；第三个也是最重要的方法，是使用了一套水下超短基线定位系统。这种水下定位设备由水面基站和水下信标组成，通过接收安装在钢沉井四角的信标实时信号，确保钢沉井以平稳和缓慢的速度下沉，测量精度可控制在0.2米以内。这相当于在黑暗的海底给钢沉井装上了能够透视的眼睛，可以及时发现和纠正下沉过程中出现的偏差。

进入5月，南海的天气状况依然良好，现场工程指挥决定抓住时机立即开始钢沉井的定位安放。17日上午10点，橙色的钢沉井被运送到沉船地点的正上方。由于海面风平浪静，非常有利于作业，广州打捞局的总工程师吴建成在与技术组商量后，决定启动备用方案，把原来为复杂海况准备的先打定位桩再沉放的做法调整为直接使用具有900吨吊力的"南天龙"号起重工程船吊放箱体。中午12点左右，工作母船上的吊缆和定位工作准备完毕。在众人注视中，"南天龙"号的巨大吊臂主钩吊起钢沉井，两组副钩控制钢沉井缓慢下放（图2-28）。当箱体顶部没入水中的刹那，海水灌入箱壁夹层空间，排出空气形成的水花（图2-29）如千万条银色的鱼儿在水面跳跃。

6个小时后，钢沉井已经下放到海床表面预定位置。经过潜水员下水测量、探摸，确认钢沉井定位准确、姿态平衡后，"南天龙"号松开巨臂上的吊缆。由于钢沉井自重巨大，在吊缆松开的刹那，其下端就自行扎入淤泥面下1.5米深。随即，施工人员开始往钢沉井壁的夹层中均衡灌沙，进一步加大自重促其下沉。然而，这样形成的重量还远远不能让钢沉井沉到预定的深度，需要通过压载来实现目标，于是把预制好的水泥块（图2-30）依次放置到钢沉井上部（图2-31），把钢沉井慢慢压下去。这样的静压压载方式，下压过程中不会产生震动，下沉速度也相对均匀，可以最大限度地保护钢沉井中的"南海I号"及船载文物安全。此时，仍然需要通过水下信标监控钢沉井的三维状态，一旦发现不均匀沉降现象，技术人员就会通过调整水泥块位置，让钢沉井恢复水平状态。按照整体打捞方案中的设计，当钢沉井上部的静压水泥块重量达到1300吨时，就可以把钢沉井压到泥下11～12米深处。可是实际情况远比理想状态复杂，海床淤泥的抗压能力远超预估。甚至当静压的总重量超过3000吨时，钢沉井底部距离预定深度还差了2米，而此时钢沉井已接近承重极限，无法继续加载水泥块促其下沉。不能加大重量，那就想办法减少下沉的阻力。现场工程指挥认为可以把钢沉井两侧的淤泥挖走，以减少泥土对钢沉井壁的黏附。挖走淤泥的方式也很有讲究，挖泥船采取的是对称开挖方式，也就是先从钢沉井外侧30米处由远及近进行挖掘，每次挖泥的平均深度控制在2米左右。为了保证钢沉井两侧淤泥均匀泄压，当钢沉井一侧挖走2米深的淤泥后，挖泥船就移至钢沉井对面一侧，同样从30米外侧由远及近进行挖掘，一次性地挖掘4米深。然后，再移至先前那一侧挖走4米深的淤泥。为了防止挖泥抓斗碰撞造成钢沉井损坏，抓斗上也布设了信标，对每次挖泥进行精确控制。可是，这种方法的效果也不理想。当钢沉井两侧海床各自挖到8米深，搬走了

图 2-28 钢沉井吊放入水

图 2-29 钢沉井入水瞬间

图 2-30 制作中的静压水泥块

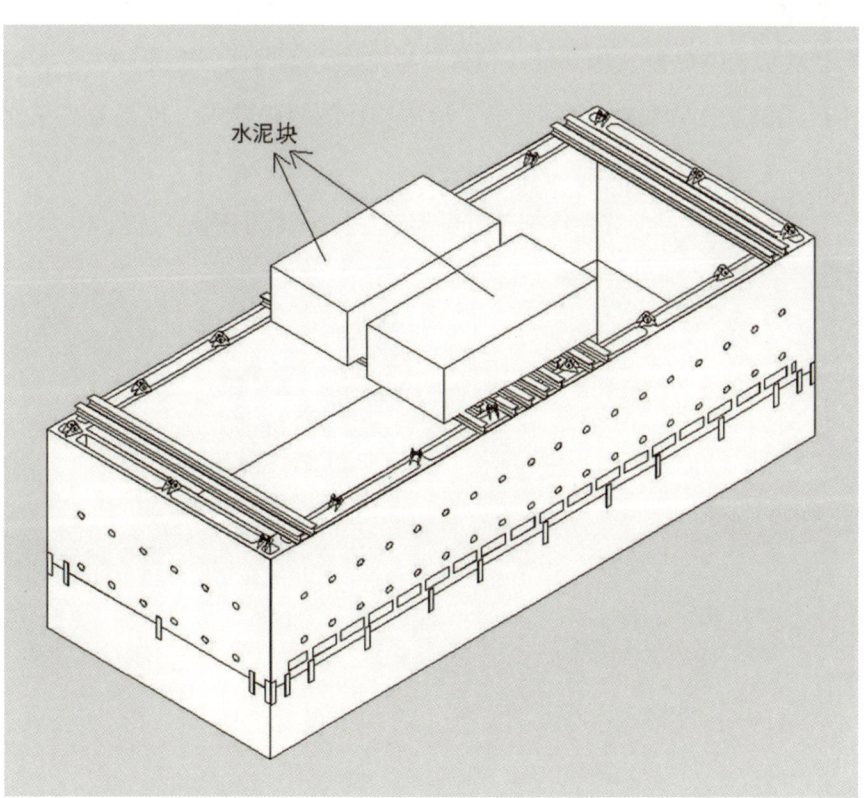

图 2-31 水泥块压载示意图

7万吨淤泥后，钢沉井所在深度仍比设计深度高1米多，而此时挖泥深度已达到下一阶段底托梁穿引的工作面深度，不能再往下挖掘了。分析原因、专家会诊、研究对策……技术人员在度过了几个不眠之夜后，终于又拿出了新办法：紧急从广州调来大口径抽泥设备，配合打捞现场的吹泥设备，沿钢沉井壁外侧向下破开泥层。这样做形成的抽泥作业切口小，能够最大限度保障在不破坏底托梁穿引工作面的同时，减小淤泥的吸附力。新方法是有效的，钢沉井一点点向预定深度靠近，但每个人心里都不轻松，可以预计未来的工作中还会遇到不少难题。在这期间，还发生了"虚惊一场"的事。有一天凌晨1点多，监控室值班人员突然报告说钢沉井发生倾倒，这可是重大的施工事故。好在迅速下水检查情况的潜水员报告说钢沉井姿态正常，才让大家安下心来。原来是安装在钢沉井一角的定位信标松脱倒伏，引发水面监测系统显示发生异常。虽然是"有惊无险"，但这件事也给现场工程指挥提了醒，安全意识时刻不能松懈。于是，指挥部要求各项目团队对各自的安全预案、应急措施进行优化完善并做好实施准备。整体打捞工作必须保证"万无一失"，这不仅是国家文物局对"南海Ⅰ号"考古项目的明确要求，也是考古工作者自己必须坚守的底线。

7月24日，钢沉井终于下沉到泥下11.5米深的预定位置。

第 6 节

沉船出沧海

钢沉井压载到位，把"南海 I 号"包裹在内。此时，压在钢沉井顶部的水泥块已被吊离，它们全被运送到广东海上丝绸之路博物馆的南侧沙滩。这里正在紧锣密鼓地建设沉箱"登陆"用的码头，水泥块将会被埋入沙滩作为码头的地基。

海底穿"针"

2007 年 8 月 3 日，用来封闭钢沉井底部的 36 根底托梁从广州运到打捞现场。这些长 15 米、宽 0.83 米的底托梁将被依次穿进上钢沉井下部，把钢沉井从只有四面的金属方框变成有底的箱子。海洋工程在很大程度上"看天吃饭"，即使事前已经准备了很多预案，实际操作中仍会遇到意想不到的困难。进入 8 月后，我国南海北部连续生成"帕布""蝴蝶""圣帕"三个台风。由于台风不是正面袭击打捞海域，能够抗住 7 级台风的工作船虽不用返回港口避风，但在台风的影响下，海面风高浪急，船上平台和海中潜水的工作都没法正常开展。强劲风浪让工作船剧烈摇晃，甲板上变得不再安全，除了监控室的值班人员外，其他工作人员都需要按要求留在船舱待命。如果没有亲身经历过，很难想象大风中船舶的摇晃程度有多剧烈，不少考古队员都出现强烈的晕船反应。

　　8月23日台风过境后，大海逐渐恢复平静。现场工程指挥立即下达动员令，恢复打捞工作。现在必须争分夺秒，因为晚些时候季风就会带来强劲的北方冷空气，海上的工作环境会变得更加恶劣。越早完成海洋施工，整体打捞的安全性和成功率就越大。在编制整体打捞方案期间，技术人员已经预料到底托梁穿引是整体打捞过程中难度最大的环节，也是成败的关键。不说现场施工可能受到风浪、水流影响这些问题，只是在30米水下把数吨重的底托梁安装到钢沉井上的小孔中就非常不容易。有人把底托梁穿引比作"海底穿针"，而且这个"穿针"还要在"伸手不见五指"的环境中完成。从外形上看，底托梁是一个扁长条形的钢结构物体，尾部为长方形，头部则是"Y"形的分岔结构。头部之所以设计成"Y"形（图2-32），一是可以减小底托梁的横截面面积，降低穿引过程中的前进阻力；二是能让"Y"形的中空部分卡住对面钢沉井壁上的立柱，就像把插头插进插座那样。之后，用螺栓把底托梁和钢沉井壁面连成一体，当36根底托梁都依次固定好，上钢沉井也就变成了有底的沉箱。底托梁采用对穿方式，先把第一根底托梁贴着钢沉井一端的内壁穿过，然后沿第一根底托梁的外侧从对面牵引过来第二根底托梁，如此循环，直到所有底托梁穿引成功。使用对穿方式是为了平衡钢沉井两侧承受的结构力，保持箱体的安全。要把重5吨的底托梁穿入上钢沉井的下部需要较大动力才能完成。技术人员使用了"推"与"拉"相结合的做法。主要动力源是安装在钢沉井外壁的拉合千斤顶，这是一台能产

图 2-32 底托梁

生 70 吨拉力的机器，通过拉动连接底托梁头部的钢缆牵引底托梁穿越钢沉井（图 2-33）。辅助动力则来自安装在底托梁入口上方的两台千斤顶，它们各自能产生 50 吨推力。三台千斤顶的合力远远大于底托梁穿过钢沉井所需的 52.3 吨理论动力。当底托梁被吊放到海底位置后，海浪会对船舶、吊钩和底托梁的稳定性产生影响，因此不能再使用起重船上的吊钩控制底托梁，而是选用 500 千克、1000 千克和 2000 千克三种不同规格的浮袋，利用浮袋在水下悬吊并控制底托梁平衡。当动力逐渐加大到 100 吨并稳定下来时，第一根底托梁已接近对面的钢沉井壁。在大家以为马上就能完成穿引时，负责监控的潜水员突然报告说底托梁没有对准穿孔，无法继续穿引。出现这种情况与钢沉井上的插孔设计有关。为了让底托梁跟钢沉井能更紧密地连成一体并封闭底部，两根相邻底托梁之间就要尽量贴合以便减少缝隙，所以钢沉井壁上的插孔稍稍大于底托梁头部。如果在穿引过程中底托梁在上下或左右轴线上的偏移超过 0.1 米，就无法穿入钢沉井对面的插孔。遇到这种情况，只能把底托梁抽回来重新穿引。在方案编制阶段，工程师们已为重新穿引设计了技术路线，就是通过改变底托梁入口上方的两台辅助千斤顶的用力方向，改"推"为"拔"，把底托梁拉回来。第一根底托梁"三进三出"，不是没能对准对面的插孔，就是进入插孔时偏斜较大而卡在了插孔内壁，甚至还出现

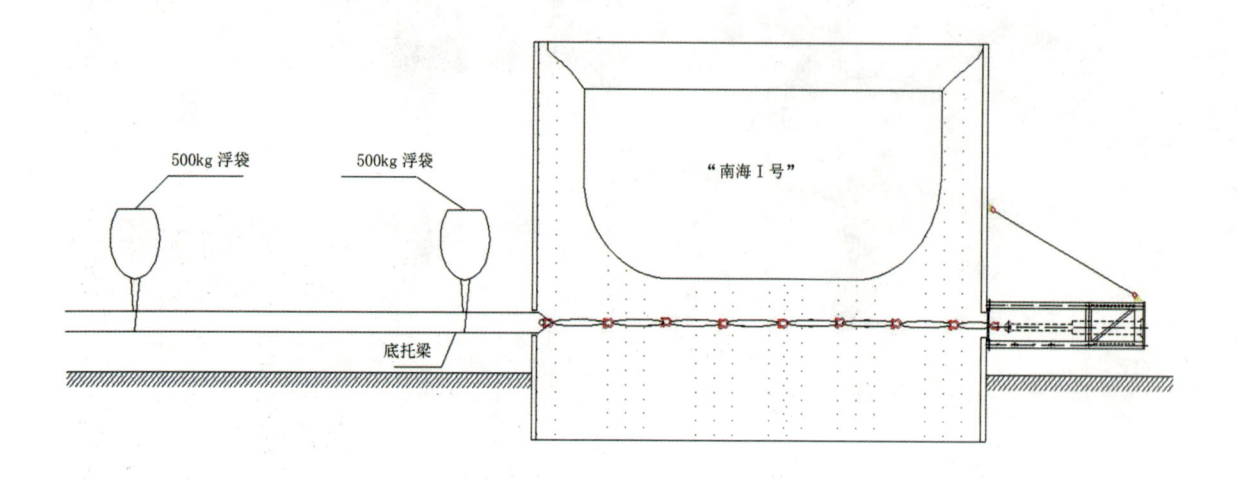

图 2-33
底托梁穿引示意图

了拉力过大导致的底托梁弯曲变形（图 2-34）。技术人员在分析了穿引不顺利的原因后，决定在底托梁头部加装高压喷水管（图 2-35），向前进方向的上下方喷射高压水，冲开淤泥减少前进阻力，也方便实时调整底托梁的牵引轴线。同时，技术人员还建议把底托梁的穿引位置换到钢沉井的另一端。新方法立竿见影，在耗时 12 天后，第一根底托梁终于穿引成功。满以为后面应该都顺利了，可是第二根底托梁穿引时又出现了左右方向的偏移。原因在于穿引前一根底托梁时压实了外侧淤泥，改变了水平方向上的淤泥密度。为了解决左右偏移问题，技术人员又在底托梁头部加装了朝向已完成穿引的底托梁的高压喷水管，并在底托梁入口处安装控制方向的限位架。如此反复尝试，在成功穿引了 5 根底托梁后，终于摸索出一整套穿引技术要点。此后，基本保持每天成功穿引一根底托梁的速度。11 月 13 日，最后一根底托梁成功与钢沉井连为一体，耗时 80 多天的古沉船打捞最难环节——底托梁穿引安装终于全部完成。

　　沉箱结构的限制使得底托梁之间没有办法完全闭合，相比于 0.1 米的设计间距，实测底托梁间的缝隙有大有小，最宽处有 0.16 米。这些缝隙必须在沉箱起吊前进行封堵，否则起吊时箱内的水和淤泥就会泄漏

图 2-34
穿引不成功的底托梁

图 2-35
加装高压喷水管的底托梁

出来，使箱内出现空坑和塌陷，从而影响沉船与文物的安全。解决这个问题的最初想法是在底托梁的侧面预装高压橡胶管，通过往橡胶管中注入高压水使其膨胀封住缝隙。不过，有专家指出沉箱移入博物馆后仍然需要长期保泥保水，橡胶管一旦老化会导致漏水、漏泥且无法更换。因此，封闭缝隙的设计被修改成使用钢板封堵。工程人员根据相邻底托梁之间的实测距离，现场切割出合适宽度的钢板，然后用预埋在底托梁一侧的钢缆连接钢板前端的开孔，用锚机把钢板拉到沉箱另一侧。每根底托梁的侧面都预埋有两根钢缆，较粗的一根用来牵引下一根底托梁，较细的一根则是用来牵拉钢板。钢板较扁薄，前进阻力小，按理应该很容易完成。然而，使用船上锚机牵引钢缆时改变了受力方向，导致拉拽过程中钢缆很容易断裂。好在工程队早有准备，他们拿出了"弓箭式"穿引的应急预案，把钢板加工成长8米，横截面呈"T"形的板材，使用机械直接顶推钢板的外端，将它顺着底托梁上缘钉进沉箱中，按此程序依次封闭底托梁之间的间隙。11月底，底托梁间缝隙的封堵任务完成，潜水员开始切除上下沉箱之间的连接板，除了沉箱四角及中部的共10块连接板暂时保留外，其余26块连接板被切掉。一切就绪，只要海上大力神——"华天龙"号到达工作现场，就开始起吊装有古船的沉箱。

"华天龙"号显神威

要把装载着"南海Ⅰ号"的沉箱打捞出水，整体打捞项目组准备了两个"法宝"。第一个"法宝"是刚刚在上海建成的起重船"华天龙"号（图2-36）。"华天龙"号长174.85米，排水量达80000吨，设计起吊能力达4000吨，吊力在当时排名亚洲第一，世界第三，具有在7级风浪和-20摄氏度等恶劣条件下的作业能力。360度全回转吊机也是"华天龙"号的核心设计，能够保证起吊沉箱的过程平稳、安全。"华天龙"号是我国自行设计和建造的巨型起重船，填补了长期以来我国在制造巨型船舶方面的空白。在2007年之前，我国最大的起重船是从美国进口的"蓝疆"号，而国内企业从未涉足过千吨以上起重船的建造。在没有参考图纸、相关标准和建造经验的情况下，中国工程师发扬攻坚克难、团结奋斗的精神，咬定青山不放松，用了两年多时间进行自主创新，最终成功建造出"华天龙"号，打破了欧美国家在这个领域的垄断地位，向世人展示了中国的工业制造也完全能够生产出世界先进的大型起重船。以"华天龙"号的横空出世为标志，我国在重型起重船制造领域至

图 2-36
"华天龙"号 4000 吨
全回转起重船

今仍稳居世界领先地位。2016年，我国更是制造出世界上最大的超级起重船"振华30"号，其单臂起吊能力达到创纪录的1.2万吨，在打捞韩国"世越"号沉船和港珠澳大桥岛隧工程中都取得了令人瞩目的业绩。

有了"华天龙"号这样的大船，或许大家会认为把装有"南海Ⅰ号"的沉箱吊出海面完全不在话下。事实并非如此，沉箱体积巨大，出水重量超过5500吨，如果再算上出水刹那海水对沉箱的吸力，所需吊力大大超出"华天龙"号的安全起吊重量极限。但是，海水中物体会受到浮力的作用。对于体积超过3000立方米的沉箱来说，所受浮力也不会小，只要不是吊出海面，只需要3860吨吊力就能在海水中吊起沉箱。

巨大的体量决定了"华天龙"号起重船不可能停靠到广东海上丝绸之路博物馆对出的浅水码头。退一万步说，即使能停靠，吊着沉箱一路从打捞现场运到码头也不现实，因为海浪造成的船舶和沉箱浮动，会给沉箱安全带来不可预料的风险。在打捞地点把沉箱直接吊放到驳船上才是唯一可行的安全做法。为此，整体打捞项目组拿出了第二个"法宝"——一艘载重为16000吨的半潜驳船。这艘编号为"重任1601"的半潜驳船船体前后两端各安装有两组大型水箱，往水箱中灌注或者排出海水，就能让该半潜驳船像潜艇一样下潜到海面下一定深度或上浮。

12月20日凌晨，潜水员再次下潜海底检查了沉箱状况，然后用"华天龙"号起重吊钩上的16条钢缆逐一连接沉箱顶部的吊点，同时在水下切割开固定上下沉箱的最后10块连接板。次日上午9点，整体打捞项目组现场总指挥下达了起吊沉箱的命令。随后，指挥室的水下信号显示上下沉箱开始分离，包裹着沉船的上沉箱被缓缓吊起，而下沉箱则永远留在了海底。吊着沉箱的"华天龙"号以缓慢的速度向附近的"重任1601"号半潜驳船移动，这时半潜驳船已潜到水下8米。当沉箱按照半潜驳船上定位装置的指引稳稳放进特制基座后，"重任1601"号开始排水上浮，于22号下午3点完全浮出了海面（图2-37）。之后，载着沉箱的"重任1601"号半潜驳船在拖轮牵引下驶向33海里之外的"南海Ⅰ号"的"新家"（图2-38）。

图 2-37
沉箱打捞出水

图 2-38
海上拖航

第 7 节

入驻"水晶宫"

就在整体打捞项目紧锣密鼓地穿引底托梁之时，数十海里外的阳江市海陵岛"十里银滩"也是一片繁忙。广东海上丝绸之路博物馆外的临时码头和拉移通道在历经 7 个多月建设后已经进入收尾阶段（图 2-39）。这是"南海Ⅰ号"整体打捞的配套工程。这项建设和整体打捞项目一样，也遇到了很多困难。首先，码头和拉移通道位于海边沙滩，朝向开阔海域，潮汐和海流强劲，特别是 9—11 月间多个台风来袭，海边时常会起四五米高的巨浪，导致临时码头的混凝土浇筑施工无法顺利进行，甚至搭好的钢筋框架都会被大浪冲毁。如果临时码头不能及时完工，"南海Ⅰ号"就无法移入博物馆中进行考古和保护，所以必须确保至少提前半个月完成施工，以给浇筑的混凝土干透硬化的时间。必须想办法克服恶劣天气的影响，加快建设进度。为此，广州打捞局紧急从外地调来两艘大型船舶，停放在施工海域的外侧以阻挡风浪袭击。其次，码头和通道建在松软的沙滩上，需要进行地基加固才能承载超过 5000 吨的重物碾压。在码头施工时分别采用重力沉箱和

图 2-39 建设中的广东海上丝绸之路博物馆

图 2-40 沉箱运抵拉移码头

斜坡式抛石堤建出向海中凸出的突堤码头，而拉移通道则是在开挖好的地基上铺筑水泥石粉稳定层，压实后浇筑钢筋混凝土路面。建成后的码头负荷达到10吨每平方米，是高速公路承载力的10倍。

2007年12月24日，"重任1601"号半潜驳船载着装有"南海Ⅰ号"的沉箱靠近拉移码头（图2-40），码头前方已经挖好了深度5米的航道。为了防止回淤，航道需要在半潜驳船到达码头的前一天完成。俗话说"好事多磨"，刚刚挖好航道，海面的风浪就开始增大，已经驶进航道的"重任1601"号半潜驳船在海浪中上下颠簸，始终无法靠近码头。即便偶尔靠近，搭在半潜驳船和码头上作为拉移平面的厚钢板也无法稳定，厚重钢板随着半潜驳船和海浪剧烈起伏，撞击码头面发出"砰砰"的巨响，像一声声重锤敲在人们的心上。安全起见，半潜驳船只能离开码头到稍远的地方锚泊。27日上午，风浪转弱，整体打捞项目组总指挥立即通知半潜驳船再次向码头靠拢，等待潮水让半潜驳船甲板与码头面同高时，马上接驳并把沉箱拉上岸。受潮汐涨落周期的影响，这样的接驳机会一天只有四次，错过一次就需要再等6小时。晚上10点，风浪条件和潮位高度终于满足了安全接驳的需要。垫在沉箱底盘下的粗大枕木被迅速替换成16根长15米、直径1米的高压气囊，充气后将沉箱慢慢顶起（图2-41）。相比于铺设专门的拉移轨道，使用气囊移动沉箱不仅能够大幅节约经费，而且节能环保，几乎不产生碳排放。这些气囊

图2-41
气囊拉移

都具有超高压耐磨的特性，每条可以承重344吨。通过卷扬机拉动扣在沉箱前端的钢缆，让沉箱随着滚动的气囊慢慢向前滑行，移动一段距离后，把后方气囊移到沉箱前方铺放，如此循环操作，直到沉箱被完全拉到博物馆中的指定位置。这次气囊拉移过程中，技术人员还解决了拉移轴线控制和气囊沾水后打滑的困难，打破了国内拉移5000吨重物的原记录，创造出将5500吨沉箱直线拉移450米的成绩。28日中午12点，沉箱被安全拉移到广东海上丝绸之路博物馆"水晶宫"中的存放位置（图2-42）。

广东海上丝绸之路博物馆是为了落实广东省人民政府制定的"南

图2-42 沉箱抵达广东海上丝绸之路博物馆"水晶宫"

船说
"南海Ⅰ号"船说
——从中国水下考古看海上丝绸之路

海I号"沉船"整体打捞、整体保护、就地展示"方案而兴建的专题博物馆，也是广东省财政厅在广州市之外投资建设的少数文化项目之一。博物馆总建筑面积1.9万平方米，高3层，由5个椭圆筒形的关联舱体组成，分别对应陈列展示空间、公共活动空间、"水晶宫"、文物保护实验室和库房、办公空间等（图2-43）。椭圆筒形结构隐喻船舱，而弧

图2-43 广东海上丝绸之路博物馆设计图

图 2-44
广东海上丝绸之路
博物馆外景

形墙壁在博物馆内部构建出船舶肋骨意象,让行走在馆内的观众恍若置身海船之中,也潜移默化地把观众的关注点引向"南海I号"。博物馆的外形设计具有很强的动感,屋顶延绵的弧线既像展翅飞翔的海鸥,又如起伏的海浪,与不远处的美丽南海相互呼应(图2-44)。作为广东海上丝绸之路博物馆核心的"水晶宫",位于建筑中央的三号拱形建筑舱内,主体是一个长60米、宽40米、深12米的巨大水池(图2-45)。"南海I号"会在这个水池中存放、发掘、保护和展示。在博物馆中另建水池,正是因为考虑到"南海I号"考古与展示的需要。当时的设想

图 4-45
广东海上丝绸之路
博物馆"水晶宫"

是，在注满海水的池中保存古船，可以还原出一个接近其原生环境的空间，而考古人员在池中进行考古发掘，考古工作成为博物馆展示的一部分，让来到这里的观众在欣赏精美文物的同时，也能近距离观看水下考古现场，感受世界上独一无二的博物馆参观体验，让文物"活"起来。

即使在条件优越的博物馆里，古代沉船的考古和保护工作仍然遇到了许多想象不到的困难，参与"南海I号"考古项目的多学科团队群策群力，创新发展，努力向社会呈现出一个能代表中国特色、中国风格和中国气派的考古学案例。通过模拟实验，文保专家提出了"环境调控保护法"，对博物馆"水晶宫"内的水体环境进行监控和优化，以维持一个能让沉船"延年益寿"的健康环境；通过考古试掘，考古专家提出了"湿式发掘法"，用兼具陆地和水下考古优势的方法，科学获取文物和考古信息；通过转变思路，不同学科的专家共同推动了"南海I号"考古、保护、展示"三位一体"的实践，真正实现了"让文物活起来"。

叁 考古篇

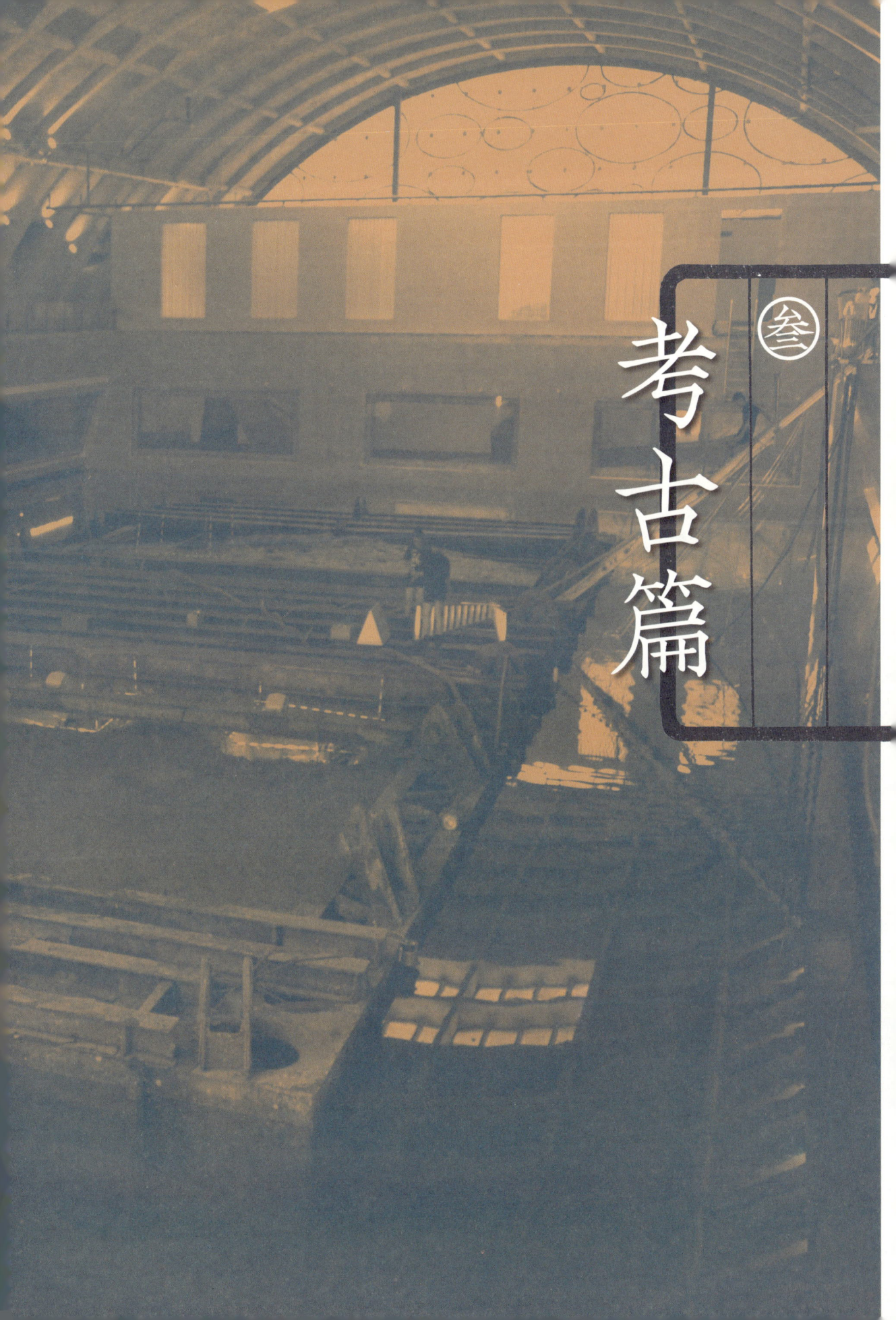

第1节

"水晶宫"里的创新发掘

整体打捞顺利实施，沉箱被安全地运送到广东海上丝绸之路博物馆的"水晶宫"中保存，"南海Ⅰ号"考古项目从此进入考古发掘和保护的新阶段。"南海Ⅰ号"的成功打捞，饱含中国水下考古界跨越整整20年的期待和付出。不过，所有的项目参与者并没有在成功的喜悦中迷失，因为他们深深地知道，整体打捞只是"南海Ⅰ号"考古工作中的第一步，未来的考古发掘和文物保护还有很长的路要去探索。

环境调控保护法

对于整体打捞项目，一些业内专家仍持审慎态度，比如美国学者乔治·巴斯（George Bass）（图3-1）在接受采访时就说："我对整体打捞的方法是有怀疑的……直到这套技术被证明可行之前，我不想评价它。"巴斯是现代水下考古学的开创者，他在土耳其格里多亚角的考古项目被认为是水下考古的经典案例。1959年，一位采集天然海绵的潜水员用炸药在土耳其西南部的格里多亚角附近海域进行了爆破，结

图 3-1
乔治·巴斯

果发现被炸碎的凝结物下有许多石质和金属制品。这个消息很快被一名在当地采访的美国记者知晓。这位记者是一名考古爱好者,凭借自己对地中海古代文明的知识积累,以及潜水员采集回来的文物,直觉认为这些文物可能来自一艘年代久远的沉船。于是,他劝说土耳其政府对发现文物的地方进行调查和发掘,并通过自己的关系联系到美国宾夕法尼亚大学研究生毕业、专攻地中海古典时代考古的乔治·巴斯来主持这项工作。在巴斯的领导下,美国—土耳其联合考古团队在1960年历时3个月,花费1.8万美元对水下遗址进行了发掘(图3-2),在30米深的海底发现一艘公元前13世纪的古代贸易商船。沉船个体不大,只有9米,但是船上却装载有大量四角形铜锭。这种铜锭在古代埃及贵族的墓葬壁画中常常被发现,是地中海东岸一带居民进献给埃及人的礼物和重要的贸易物品。大量的古叙利亚式、希腊迈锡尼式陶器,各种各样的青铜工具、武器,以及圣甲壳虫形宝石的出水,显示了货物来源的多样和当时东地中海地区贸易的繁荣。与以往那些坐在船上或岸上指挥的水下考古专家不同,巴斯是亲自潜水并主导水下项目实施的考古学家。他把整套陆地考古的发掘标准和考古方法运用在水下环境中,并完善了之前零星使用过的水下摄影拼接、气升式抽泥和水下绘图等多种清理与资料采集技术,这些技术在当今的水下考古工作中仍被广泛使用。格里多亚角沉船考古项目被认为标志着科学水下考古学的诞生,巴斯本人也因为主持了东地中海海域的一系列重要水下考古项目和出版了学术名著《水下考古》(Under water Archaeology),而被业界誉为"水下考古之父"。2004年,巴斯曾受邀到广东省阳江市考察"南海Ⅰ号"出水文物,也听中国同行介绍了整体打捞的设想,对于"南海Ⅰ号"考古情况是有一定了解的。当装载着"南海Ⅰ号"的沉箱被拉移放入广东海上丝绸之路博物馆时,人们自然也希望这样一位世界级权威专家能够点评几句。国内媒体通过越洋电话采访了巴斯,于是就有了

图 3-2 格里多亚角沉船考古现场

上面的那段话。专业人士如此表态，社会大众对于整体打捞成果和文物保护前景的担忧可想而知。所以，从文物管理部门到水下考古队员都迫切希望尽快开展"南海I号"的考古工作，但现实情况却让这个迫切愿望没能立即实现。个体巨大的沉箱是从博物馆朝向大海的那一侧拉移进"水晶宫"的，因此博物馆三号拱的外墙必须在完成上述工序后才能进行玻璃幕墙封闭和水密处理。在这些工程完成前，"水晶宫"里没法开展考古工作，好在沉箱中的沉船仍被淤泥包裹，保存环境与之前相似，考古队采用对沉箱内持续喷淋以及使用保湿材料覆盖等措施保护文物的暂时安全。

与陆地考古的出土文物相比，水下考古获取的出水文物，特别是来自海洋的文物，在保护技术上的要求更加复杂。国外学者曾研究过欧洲地区水下和陆地文物的保存状况，发现几乎任意材质的文物，在湿地和水下环境中的保存状况都要好于陆地环境。不过，长期浸泡在海洋之中会让很多文物具有高含水量、高含盐度，也遭受海洋生物污染或其他因素损害，因此出水文物的病害类型更复杂，对保护技术要求更高，特别是对古代木质船体的保护更加困难。出水文物保护一直是国际文物保护领域探索的前沿，法国、美国等国家即使在水下考古方面的经验积累超过半世纪，也还在不断摸索更有效的出水文物保护技术。对于"南海I号"考古项目来说，沉船和各类文物的分类保护跟考古发掘同样重要，需要统筹考虑。因此，文物保护专家在整体打捞方案编制阶段便已开始考虑沉船文物在博物馆中的后续保护问题，并确定了基本保护思路：沉船及其装载的文物在海水中浸泡了800多年仍能保持较为良好且稳定的状态，说明文物与海底埋藏环境之间已相互适应。如果能在"水晶宫"里模拟出一个与沉船地点类似的海洋物理、化学和生物环境，在此基础上采用人为调控的方式强化有利于文物保护的因素，清除或者弱化不利因素，这样就可以延缓出水文物的劣化进程，为研发针对性的出水文物分类保护技术争取时间。为此，首先要采集沉船地点和"水晶宫"水体取水点的海水样本，对比两者在温度、含氧量、pH值、无机物和金属物质含量等理化指标，以及浮游生物、底栖生物、微生物等生物指标的差异。然后通过模拟实验搞清楚上述指标因素中哪些对文物保护有利，哪些有害，它们对文物保护的各自影响程度有多大。最后按照1:50的比例建造一个小"水晶宫"，在里面实验水体环境指标的人工调控技术。通过一整年的实验和研究，确定了最有利于沉船文物长期保护的水环境条件是水温稳定、含氧量低、光照度弱以及基本没有生物存活。考古专家还从成本控制、绿色环保和简单易行的原则出发，梳理出利用沙井沉淀、臭氧杀菌、充氮排氧等方式控制生物生长，以及控制温度、光线等理化指标等。博物馆南侧幕墙封闭后，"水晶宫"中开始灌注海水，到2014年"南海Ⅰ号"正式发掘，沉箱和沉船文物一直通过这套流程被保护在"水晶宫"中。后续考古结果证明，这种水环境优化策略对沉船文物的临时性保护功不可没。

湿式考古发掘法

在整体打捞完成后的一年多时间里，社会上对于"南海Ⅰ号"考古项目进展情况的关注度越来越高。2009年上半年，"南海Ⅰ号"的考古试掘申请和工作方案获国家文物局批准。8月18日，来自广东省内的16名水下考古队员入驻海陵岛进行适应性训练（图3-3），"南海Ⅰ号"的第一次博物馆考古试掘开始。

第一次考古试掘的目标有三个：探明"南海Ⅰ号"和船载文物在沉箱中的保存状况；寻找博物馆环境中古沉船的最佳发掘方法；提取不同材质文物进行出水文物的保护技术研究。在前期所有的设想中，"南海Ⅰ号"未来的考古、保护和展示是一体的。地方政府和考古专家都希望能在博物馆里展示水下考古现场，这是全世界都不曾尝试过的。如果能够实现，那么广东海上丝绸之路博物馆将成为世界上第一处让观众在现场而不是在影视媒体中观看水下考古过程的地方。"南海Ⅰ号"已经放置在蓄水深度达9米的巨型水池中，水体能见度和光照条件可以人工调节，又没有风浪的影响，考古人员可以一年四季不间断工作。无论从哪方面看，这里开展水下考古的条件都优于世界上的任何自然水域。不过，乔治·巴斯在 2007 年 12 月接受采访时说的另一段话让考古人员多了一些谨慎。他当时说："我听中国同行说要把打捞上来的沉船放到一个大水池中，让观众参观考古的全过程，不过水池是封闭环境，池水很容易弄脏，从而会影响到考古和参观。"在向国家文物局提交的试掘方案中，除了在"水晶宫"水下考古的方式之外，考古专家也把排干池水进行陆地考古列为备选方式。实践证明，这一做法为博物馆考古提供了更多的选择余地。

在"南海Ⅰ号"前期的调查勘探和打捞过程中，虽已陆续采集了 1 万多件不同材质和类型的文物，它们出水之初都用常规的应急保护方法

图 3-3 2009 年试掘前考古队员的适应性训练

进行过简单处理，如陶瓷器和漆木器使用蒸馏水进行浸泡，金属文物进行除锈和防腐处理等。不过，那时对于不同材质的出水文物保护技术缺乏定性和定量的精确研究，保护流程、保护时长、化学药剂用量都凭经验决定，保护效果也没有进行过后期评估。一些早年出水文物甚至出现了变形或者开裂的情况。一旦开始针对沉船的正式考古工作，一定会是各类文物大量集中出水，如果不提前研究好保护措施和准备齐所需要的文物保护设备，就会影响考古进度并给文物安全带来隐患。除此，这批沉船文物的采集时间均已超过两年，前期处理和长期存放在空气环境中导致它们的理化状态与刚出水时有了不同程度的变化。通过考古试掘提取不同种类的标本，第一时间移交给文物保护人员，让他们能获得第一手的文物信息，研发出更有针对性的保护技术并制定更加合理的文物保护流程，显得至关重要。

第一次试掘的面积并不大，计划布置4个4平方米的考古探方，共计试掘16平方米（图3-4）。试掘探方的位置经过认真选择，其中1号探方位于沉箱西北部，因为之前曾在这里探摸到密集的瓷器。如果这里是船舱的一部分，小规模的揭露就能搞清船货的装载情况，也便于提取不同材质的文物；第2至第4号探方在沉箱中南部一字排开。这样布置探方能在空间上横跨船体表面，根据各探方中船体情况推测沉船的方向和沉态。为了更好地控制考古试掘精度，考古人员采用了硬探方发掘，选择PVC材料制成探方框架（图3-5），相较于常用的金属框架，PVC的加工和安装都非常方便，而且质地较软不会损及文物。

一切准备就绪，考古工作就从1号探方开始（图3-6）。首先尝试的是水下考古方式。考古人员依照沉船原址考古的惯例，选择空气压缩机和气升式抽泥设备配合搬运探方中的淤泥。可是，这两种在以往工作中无往不利的"神器"却卡在了看似工作条件更好的博物馆考古中。最先是因为沉箱上部的水位过浅，导致抽泥设备提升淤泥的距离有限，吸力不足。接着又发现"水晶宫"内没有预留淤泥过滤和排放的设施，虽然工作平台一角的文物冲洗间可以进行过滤，但是下水管过细，很容易

图 3-4
考古试掘探方分布图

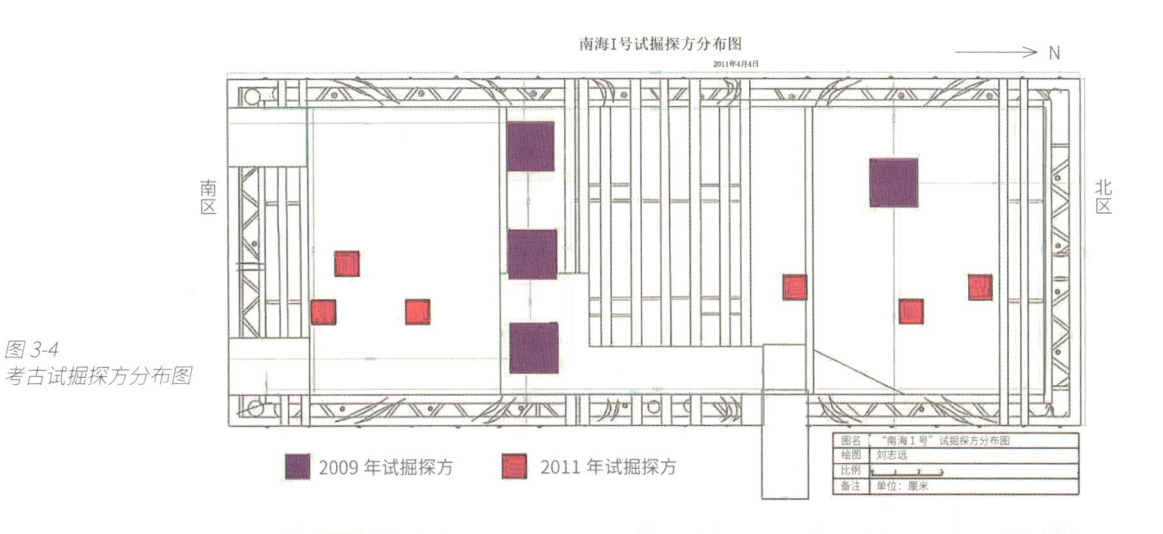

■ 2009 年试掘探方   ■ 2011 年试掘探方

图 3-5
PVC 材料制成的探方框架

图 3-6
1 号探方试掘

被淤泥堵死。为了保护"水晶宫"玻璃观察廊的安全，安全蓄水深度最多只能9米，此时水面距离三层工作平台还有3米的高度差，而且没有上下通道；另外，"水晶宫"工作平台的承重设计过小，无法架设天车等运输设备。在室内静水中工作也没有想象中方便，抽泥和潜水活动都会造成扰动，让工作区域的水体变得浑浊，在没有水流的水池中，水中悬浮颗粒是很难沉降的。1号探方的表层堆积是厚0.6米的松软灰褐色淤泥，发掘过程中会不断坍塌。淤泥下为0.3～0.4米厚的碎瓷片，再往下则是凝结在一起的另一层瓷片。根据之前的经验，这层坚硬的瓷片层下就是"南海Ⅰ号"船体了。考古队员从碎瓷片产地且混杂不少木头残块的现象分析，认为1号探方可能位于1987年中英联合寻找"莱茵堡"号时使用抓斗破坏了的船体区域。当时，工作人员只拣选了少量完整陶瓷器和其他文物，大量的破碎瓷片被倾倒回大海，造成了现在的碎瓷片层堆积。就在考古队员清理完这层堆积，以为胜利在望之际，下面的发现却让所有人都傻了眼：瓷片层下面只有细腻的淤泥，钢钎探测显示淤泥下面2米都没有任何硬物阻碍，显然这里没有船体或者船载文物。考古人员集体商议后一致认为，既然1号探方已经探测了3米多深，仍然没有发现船体，很可能是考古队对于沉船在沉箱中的位置判断出现了问题，应该立即停止在这里的发掘，转而清理第2至第4号探方（图3-7）。因为水下考古的方式效率较低，对"南海Ⅰ号"考古来说并不是一种好的选择，在新区域的考古发掘将尝试备用的陆地考古方式。"水晶宫"里的水位被降低到沉箱工作面下方2米，考古工作得以在空气环境中进行。陆地发掘方式让考古的精度和进度都明显提高，但是问题也随之出现。因为水位降低，原来高含水量的淤泥逐渐失去水分，一段时间后出现了泥土干裂和皱缩的现象，一些包裹在泥中的果核、木块和植物纤维等有机质出现氧化速度加快和微小变形的情况。考古人员试图采取喷淋加湿的方式来防止上述情况的发生，但是效果并不理想。而且，喷淋加湿会让考古工作面变得泥泞，导致无法高效工作。水下和陆地两种考古方式都被实践证明不完全可行，那么还能不能找到一种两全其美的方法

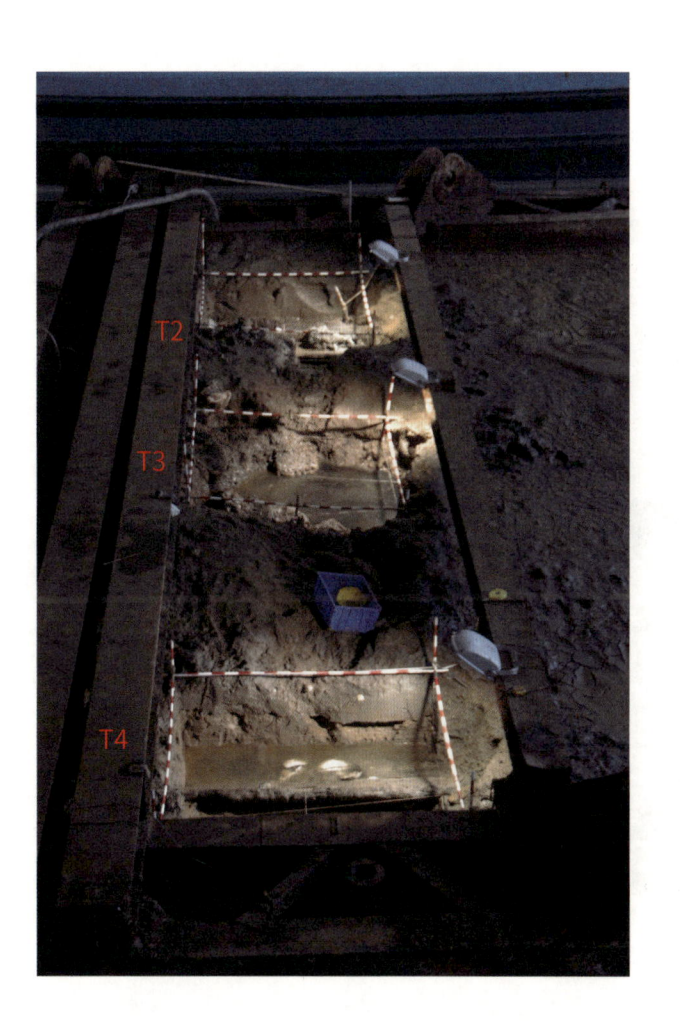

图 3-7
2-4 号试掘探方在沉箱中的位置

来进行博物馆里的沉船考古呢？在进行了小规模实验后，考古学家提出了新的考古方式——湿式发掘法，即把水位降到低于考古工作面0.2米处，利用土壤孔隙产生的毛细作用把潮湿的水汽吸附上来，让淤泥保持不湿不干的状态。湿式发掘法随后成为"南海I号"考古的基本工作方法，这是以往田野考古工作中没有尝试过的做法。陆地考古和水下考古泾渭分明，而前者如果遇到地下水淹没发掘面的情况，一般都用抽水的方式解决，而不会刻意去考虑如何实现工作面的保湿。湿式发掘法是中国考古工作者针对"南海I号"精细发掘和文物保护的实际需要发明的，给类似的沉船考古提供了一种发掘新思路。4号探方首先传来喜讯，考古人员在0.5米深的淤泥之下揭露出沉船的上甲板以及甲板下面的陶瓷器船货（图3-8）；随后，2号和3号探方也先后发现了凝结物、船体和船货。在这三个探方中清理出的船体木结构部分都保存较好，色泽鲜艳且木质坚硬。"南海I号"的船舱隔板两侧可见大量陶瓷器，10件或者20件为一组整齐的成排码放。瓷碗、瓷盘之间垫塞着植

图3-8
4号探方中的沉船遗迹

物草茎，可惜这些草茎已经炭化，一触即碎。船舱内的陶瓷器排列紧密，想要取出来很不容易，需要先找到一两件已经破碎的，慢慢拿走碎片腾出空间，才有可能提取出同一排的其他瓷器。根据各探方中揭露的船体情况，测量出第2至第4号探方中的沉船左右两舷到沉箱内壁的距离在1.2～1.3米之间，两舷高度相当，沉船中轴线与沉箱轴线间的夹角为3.5度。根据这些数据可以判断，沉箱中的"南海Ⅰ号"的沉态端正，没有发生倾侧。虽然船身轴线在沉箱中略有偏斜，但是沉船和所载文物都被较好地包裹在沉箱之中。"南海Ⅰ号"整体打捞项目中沉箱定位准确、压载到位、施工科学，成功完成了整体打捞方案中预设的各项目标。

考古试掘过程中，"水晶宫"中始终飘荡着一股淡淡的臭鸡蛋味。考古人员在反复对考古工作面和出水文物进行检查后，并没有发现任何腐坏物质，木质船体也没有理化状态的明显变化。为了搞清楚考古现场的异味来源，考古队邀请了文物保护专家来帮忙分析。仪器检测结果显示臭味来自浓度超标的硫化氢，原来是"南海Ⅰ号"沉没后被海底淤泥覆盖，与氧气隔绝而在船体周围形成厌氧环境。在这种环境中，有氧生物无法生存，于是船体和有机质文物能够被很好地保存下来。不过，在与空气隔绝的环境中并不意味着什么生物也没有，一些厌氧菌群是能生存的，它们分解周围有机质中的含硫化合物，把它们变成硫化氢。经过几百年的积累，淤泥中的这些物质就达到了一定浓度，现在挖开淤泥导致其散发出来，于是就有了空气中的臭鸡蛋味。硫化氢是有毒、易燃气体，长时间吸入会对人的大脑、心脏及黏膜产生危害。为了消除有毒物质，保障工作人员和观众的健康不受影响，考古队聘请专业的环保机构对"水晶宫"里的环境进行采样评估，发现除硫化氢之外，汞的含量也超标。在沉箱中的汞含量异常区域，考古人员发现了一些破碎的陶罐，推测这些罐子有可能是装水银的。宋代文献中有将水银作为贸易物品的记载，而泉州湾南宋古沉船的第三、四舱底部也采集到385克水银。专业机构随后对硫化氢和水银环境进行了清理，排除了安全隐患，考古试掘得以继续开展。

　　在第一次试掘中，考古队还使用了一些新设备，如全站仪、三维激光扫描仪等，依托工作平台建立测量基站，让"南海Ⅰ号"考古试掘过程中能以毫米级精度记录考古资料。到9月底第一次试掘结束时，试掘方案中提出的工作目标全部完成，然而受试掘面积限制，没能确定船艏和船艉在沉箱中的具体位置。为了解决这个问题，考古队在2011年进行了第二次试掘。这次试掘面积为7平方米，不仅确定了沉船艏艉的位置，而且进一步完善了湿式发掘方法，如依托沉箱框架建立全覆盖的坐标体系、解决淤泥坍塌问题的铝合金探方框架设计（图3-9）、复杂环境的激光三维测量（图3-10）和建模技术等。这些考古技术方法（图3-11，图3-12，图3-13），是针对博物馆内"南海Ⅰ号"具体实际的"外科手术式"精细发掘的新尝试，也为2014年开始的"南海Ⅰ号"正式考古发掘积累了经验。

图 3-9
2011 年试掘中的铝合金探方框架

图 3-10
激光三维测量

图 3-11
考古试掘中的科技考古现场分析

图 3-12
考古试掘中的柱状地层样本分析

图 3-13
考古试掘中的公共考古传播

第 2 节

海贸沉船现真容

　　套在沉箱中的"南海I号"到底是什么样的,是公众和考古专家都很想了解的事。之前历次考古调查中揭露的面积有限,使考古专家对沉船的保存情况和整体结构所知不多。在系统性的考古发掘开始前,考古队也想知道沉船的整体状况,这样考古工作才能做到有的放矢。就在考古队一筹莫展之时,一位前来参观的遥感专家建议试一试海洋声波探测设备。这类设备小巧、便于操作,声波探测受沉箱影响小,而且对被探测物体安全无损;更重要的是,沉箱是放在"水晶宫"中的,水体环境也给使用遥感设备提供了合适的工作环境。考古队最终选择了一款特别的仪器,按照0.3米的扫测间隔扫描沉箱,得到了沉船的立体照片。如果说,之前的考古工作是"盲人摸象",现在考古队不仅完成了对"南海I号"的第一次"体检",更重要的是看明白了沉船的"整体形象"。不过,"体检"结果并不乐观。比如,古船甲板以上的建筑已经不存,但是"南海I号"仍有部分上甲板及船舱保留了下来,在同一时期沉船中算是很罕见的。20世纪70年代在福建省泉州市的海湾中发现过一艘南宋时期沉船，船体残存高度只有1米多，不到原来船体型深的1/2，但这艘泉州湾南宋古沉船却是"南海Ⅰ号"发现前我国最具国际知名度的沉船。根据扫测结论，"南海Ⅰ号"的船艏、船艉都有较严重破损，部分船板存在一定程度的腐朽（图3-14）。同时，船体表面分布着较多凝结物，特别是船艏的一块凝结物长约2米、厚度近1米，沿着船舷直到船艉部也有点状散布的凝结

图3-14
"南海Ⅰ号"结构探测示意图

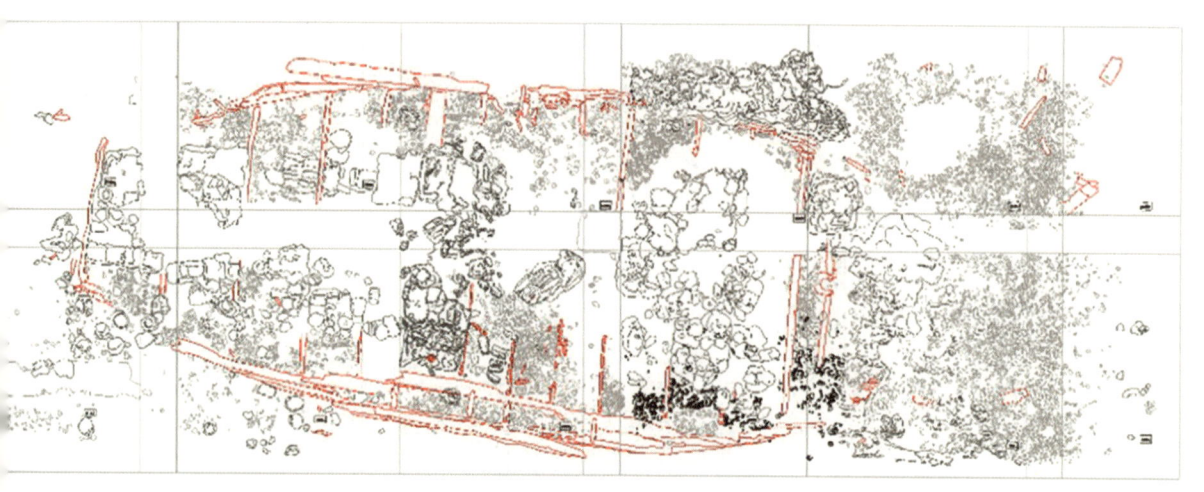

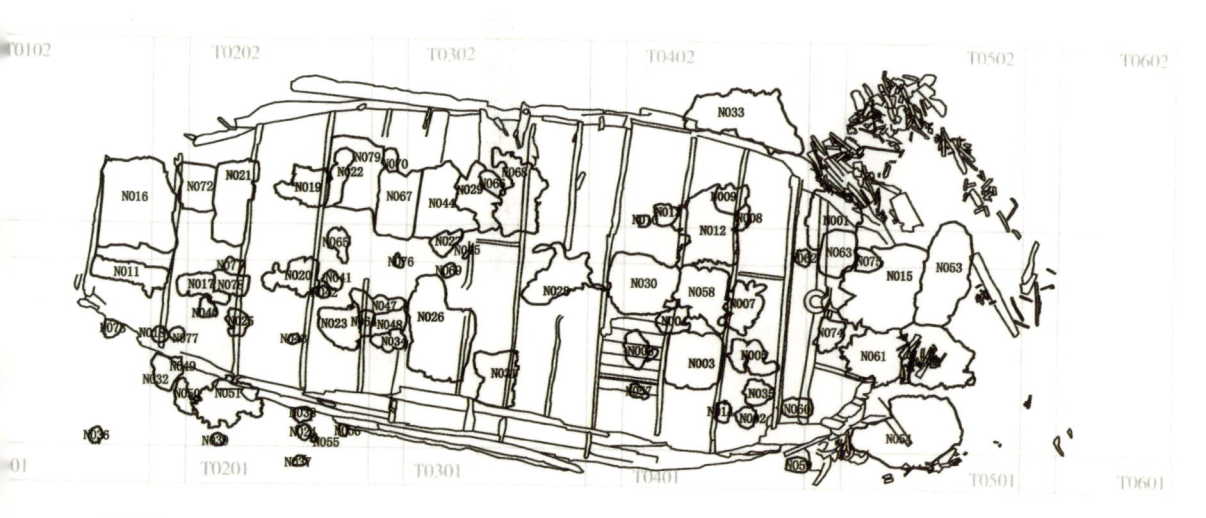

图3-15
"南海Ⅰ号"上部凝结物分布情况

物（图3-15）。船舱上部的凝结物被覆盖在淤泥之下，虽然个体都不大，但会有部分延伸入船舱，与船体以及船货胶结在一起，很难清除。

对于考古工作，专家们在发掘思路和沉箱处理方面产生了较大分歧。在发掘思路上，主要是要部分发掘还是清理全部船体。部分专家提出，"南海Ⅰ号"是一艘海洋贸易船舶，船货必然多是重复性的，没有必要都提取出来。可以只清理一半，这样既可以节省博物馆的库房空间，又能更好地展示船货在船舱内的"原生态"。而且，随着科技手段的发展和考古理念的进步，不排除未来能在保留下的船货中提取更多的考古信息。反对意见主要来自文物保护专家，他们认为船舱内的船货性质复杂，不仅有瓷器，还有各种金属器、漆木器和动植物遗存，船货的质地、保存状况不同，具体保护手段也存在巨大差异。当清理掉包裹船体的淤泥后，各种文物与空气接触，劣化和腐蚀程度会不断加剧，而不同材质的文物混在一起无法进行有效的分类保护。理想的情况是尽快完成所有的考古发掘，对不同材质的文物进行分类保护。关于沉箱处理的焦点则是它有无必要保留下来。部分专家认为没必要保留，因为现代钢结构物体没有文物价值，而且箱体长期浸泡在海水中，已发生锈蚀和轻微变形，锈蚀的金属物质会渗透进船体及船货中，对文物安全有影响，可以根据考古进度逐层切割掉沉箱。还有部分专家觉得，沉箱虽是现代建造的，却是沉船整体打捞的载体和成功实践的标志，本身就很有意义。而且沉箱体积巨大，如果能跟沉船一起在博物馆中展示，视觉效果好，也能让观众更直观地理解整体打捞工作的不易。至于沉箱的保护问题，可以分别通过沉箱防锈处理和支撑加固，以及尽快提取文物的方式加以解决。经过反复讨论和专家论证，考古队最终选择了进行整体发掘和保留沉箱的思路。

2013年11月，"南海Ⅰ号"保护发掘项目正式启动（图3-16），国家文物局水下文化遗产保护中心和广东省文物考古研究所联合组队，采取双领队负责制组织考古工作。这次考古中采用了全覆盖探方法，就是依托沉箱结构布设覆盖沉箱内部空间的考古探方。如果去过考古现场，

图 3-16
2013 年"南海Ⅰ号"
保护发掘启动仪式

会发现考古专家进行考古遗址发掘时,是按照一个个方块进行的。这些方块不是古人活动或者自然环境留下的,而是考古专家虚拟出来的控制空间,叫做探方。它的作用是为了更好地测量记录考古信息和控制发掘范围。根据遗址的考古精度要求和保存遗迹遗物的复杂程度,探方可以小到 1 米 ×1 米,也可以大到 10 米 ×10 米。"南海Ⅰ号"考古同样需要布设探方,因为沉箱给考古工作提供了边界明确的发掘空间,考古专家根据沉箱内部尺寸把探方确定为 6 米 ×6 米(图 3-17)。为了保证沉箱的安全,在开始考古发掘之前,考古队在沉箱外侧设置了 2 排共 22 根钢质的支撑立柱(图 3-18)对沉箱进行加固。在沉箱外围铺设了工作平台并在平台上安装了桁架、天车、测绘设备和文物初步保护设施。这个考古工作平台还配置了照明、通风、出水文物运输设备。沉箱里面的考古发掘一开始进展得非常顺利,沉船上部覆盖的表层粗砂和淤泥层很容易就清理干净了(图 3-19)。然而,清理后出现的大片凝结物就是个很大的难题了。

中国宋元时期海洋贸易船舶采用铁钉和榫卯相结合的方式加固船

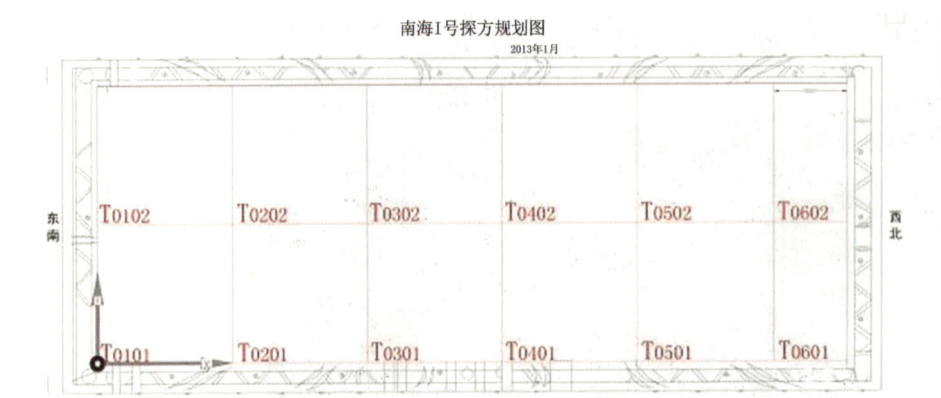

图 3-17
沉箱内部的探方分布规划图

图 3-18
搭建考古发掘平台立柱

图 3-19
"南海Ⅰ号"2014年5月清理完沉船上部表层粗砂和淤泥层后的考古现场

体，而且通常会购置大量的铁锅、铁钉以及一些经过初步加工的金属半成品。这样的海船一旦沉没，铁制品被海水淹没发生锈蚀，铁离子与海水中的其他元素发生化学反应，会把周围的海泥、贝壳、瓷片吸附到一起，久而久之就会形成不断变大的铁质、钙质或者硅质凝结物附着在船体上或船体周围。凝结物会给考古工作带来障碍，不过也能在一定程度上保护文物。凝结物像一个盖子罩住沉船，保护它不受海洋捕捞业的破坏。考古人员曾在"南海I号"表面的凝结物上发现层层叠叠的渔网，这些都是古代和近现代渔业拖网挂住凝结物后无法拖动而被割断抛弃的。如果没有凝结物，沉船可能已被拖网毁坏。同时，凝结物形成的"盖子"能防止藤壶、船蛆或者贝壳等海洋生物蚕食木质船体以及其他有机物，保护其内部的文物减轻被腐蚀和损坏的程度。凝结物往往坚硬巨大，在水下非常难以清除，也能间接阻止不法分子对文物的盗捞。另外，在水下的大块凝结物容易被声呐、磁力仪等探测设备发现，而且往往预示着其周围或者下面有沉船。1989年和2002年，在对"南海I号"进行考古调查时，考古队员都是首先探测到凝结物，然后才顺藤摸瓜找到船体的。

由于沉船上大片凝结物内的包含物众多，甚至可能包含不同材质的文物，无法采用化学试剂方式拆解，更不能像文物盗掘者那样使用炸药爆破，用凿子和锤子等简单工具一点点去除虽然费时费力，却是破坏性最小的方式。在清理的过程中，考古人员也慢慢掌握了一些技巧。他们先寻找小块或者与船体粘黏不紧密的凝结物，做好绘图和信息记录后直接搬走；对于无法直接搬运的大块凝结物，先观察整体情况，记录信息后寻找自然裂缝或者较完整的货物包装单元（比如成摞的铁锅和成捆的铁钉），再用工具慢慢剥离，或者沿着凝结物的边缘凿孔进行分离，尽可能保持凝结物内部文物的安全。提取出来的凝结物不能随便放置，如果长期置于空气状态下凝结物会变干开裂，包含在内的文物也会随之出现腐蚀和损坏情况。除小块和容易清理的凝结物使用人工方式在实验室继续拆解保护外，个体较大的都会浸泡在特制水池中进行脱盐脱硫保护，那些包含有机质和较多铁器的凝结物还需要单独浸泡并进行防腐处理。对于动辄数百斤或者成吨的凝结物，依靠人力搬运出博物馆明显不现实。考古人员决定寻找外援协助解决这个问题。他们请来有着长期良好合作关系的广州打捞局帮忙。在研究了博物馆建筑结构和现场勘察后，广州打捞局的工程师提出在博物馆外建一个塔吊（图3-20），把凝结物从"水晶宫"顶部天窗中吊运出去。虽然这样做要投入一笔建设费用，却能够有效解决考古人员的工作难题。在"南海Ⅰ号"考古期间，共有100多吨凝结物通过塔吊运出博物馆进行保护或者过滤处理。

清理完凝结物后，"南海Ⅰ号"的结构变得清晰起来。船舶现存最大船宽为9.35米，长22.1米，复原后的长度能达到30米。按照古代文献记载，宋代海船大致以10丈为界可以分为大、中、小三型，其中10丈左右尺寸（大概相当于30米）的船舶为中型船，"南海Ⅰ号"属于中型船。

长期被细腻的淤泥包裹，与氧气以及海洋生物隔绝，"南海Ⅰ号"的船板和船体构件整体保存较好，呈黄褐色或者浅褐色，就像刚刚加工出来的木材。在历经800多年海水的浸泡后，"南海Ⅰ号"的船木平均

图3-20
广东海上丝绸之路博物馆外塔吊

含水量高达 245%，而纤维素的含量仅有原来的 20%，显示木质船体已经严重降解，木材强度低，船体脆弱，部分木质甚至已经糟朽，用力按压就会变形。木质船体需要进行脱盐、脱水和填充加固处理。

"南海Ⅰ号"保存有 15 个船舱，各舱之间的距离为 0.6～2 米，总体上是靠近船艏的船舱较宽，而靠近船艉处的船舱较窄。每个船舱都装满船货，以各种各样的瓷器为主（图 3-21）。考古发现的"南海Ⅰ号"舱内空间安排，与宋代朱彧所著《萍洲可谈》中的描写并不完全一致。

>舶船深阔各数十丈，商人分占贮货，人得数尺许，下以贮货，夜卧其上。货多陶器，大小相套，无少隙地。

宋代商人在夜晚是躺在舱中船货上休息的，而"南海Ⅰ号"的船舱中都储满船货（图 3-22），显然没有这样的空间，他们应该是在甲板以上的围蔽建筑中休息。可见，我国宋元时期往来于海上丝绸之路的船舶

图 3-21
船货装载情况 1

图3-22
船货装载情况2

对于如何安排乘客住宿存在不同方式。

在"南海Ⅰ号"上，商人们为了便于区分自己的货物，在船舱内会用木板或者小木棍把船货分隔开（图3-23，图3-24）。为了防止相互碰撞发生损坏，各类货物不仅被整齐地码放到船舱中，间隙填塞上草茎，一些大型器物之间还被放进了小器物填塞。贵重物品，如金银、漆器等会用专门的盒子或者筐子存放。

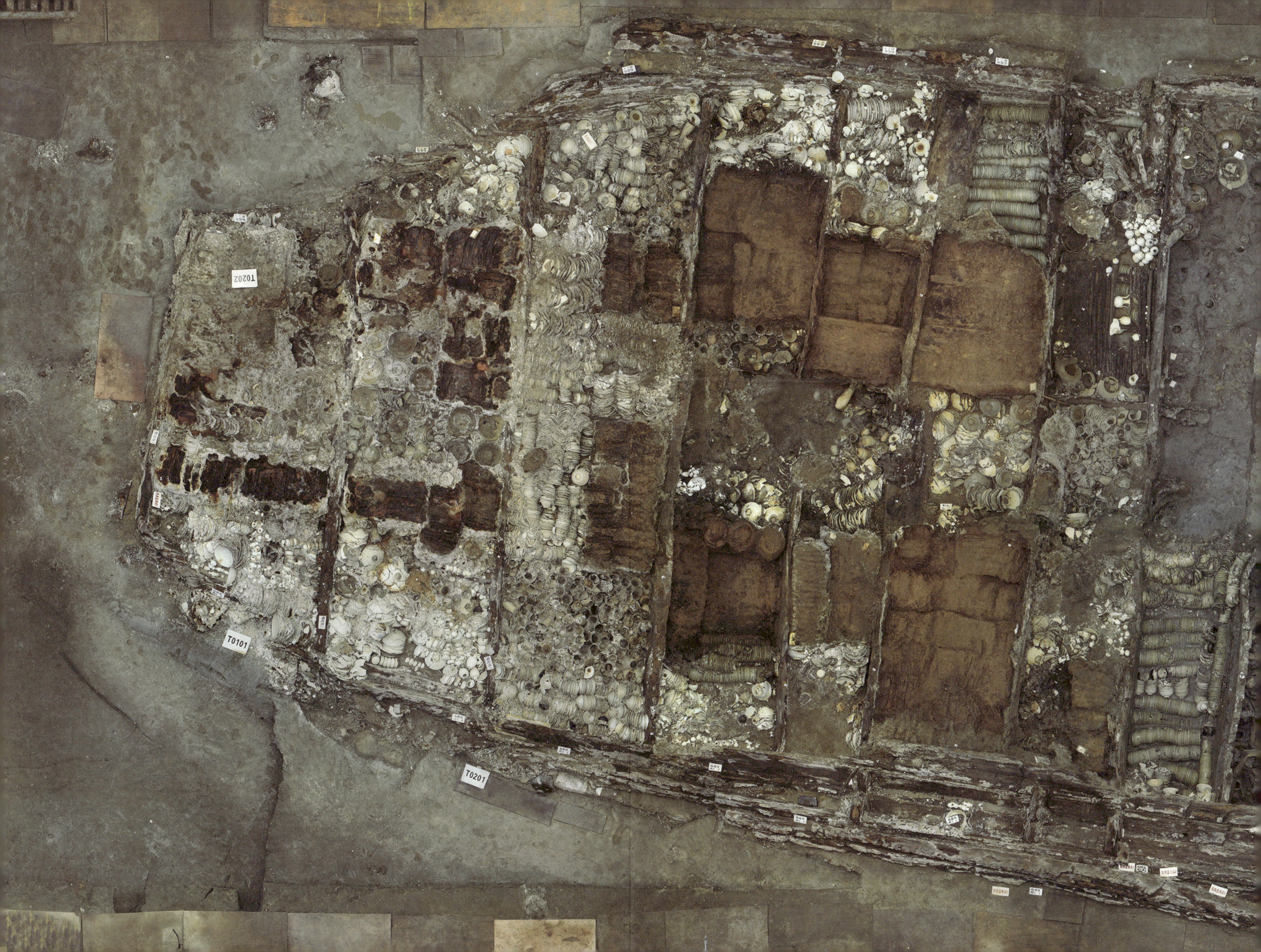
T0202
T0101
T0201

图 3.23 2016 年"南海 I 号"正投影照片

图 3-24
用木板或小木棍隔开的船货

　　"南海Ⅰ号"的博物馆考古和保护进入正式实施阶段后，考古队依旧坚持规范、科学和创新的工作要求（图 3-25，图 3-26）。在博物馆环境中，原来日晒雨淋的田野考古变成了条件优越的实验室考古，一些令人振奋的发现也接踵而至。2016 年 6 月，编号为 T0201 探方地层中出现一个形体不大的漆奁，虽然漆奁的位置在沉船的左前舷外侧，但正是漆奁的完好保存引起了考古人员的注意。当他们清除掉漆奁表面的淤泥，轻轻揭开盖子时，里面的文物让在场的所有人都感到震惊。居然有满满一奁黄金制品，包括 2 条精美的黄金项链、10 对金耳环、20 多件金串饰、形状各异的金戒指，以及作为货币的金叶子和碎金，等等。这么多黄金制品显然属于船上的一位富有的海商。现在已无法判断这位商人在"南海Ⅰ号"发生海难时有没有逃生，但至少说明当时情况紧急，贵重物品被遗落在了船上。不久之后，另外一位考古队员察觉到正在发掘的船舱中的淤泥有点奇怪，不仅土色比周围黑了很多，而且覆盖了差不多半个船舱的面积。在与文物保护人员商量后，这位考古队员对黑色

图 3-25 发掘现场 1

淤泥进行了整体提取，并送到实验室中进行成分检测，发现淤泥中包含了脂肪和丝蛋白残留。很显然，这是丝绸腐烂后的残留。自汉代以后，丝绸一直是我国对外贸易中的重要商品，虽然唐宋时期丝绸销售的份额被瓷器所取代，但丝绸外销一直没有消失。"南海Ⅰ号"为研究宋代时期的丝绸贸易提供了线索。作为沉船最主要货物的瓷器相当突出，有十余万件之多，汇聚了当时国内主要陶瓷窑口的产品，按照当时的行政区域，这些窑口的地理空间涵盖了两浙东路、江南东路、福建路和广南东路等东南沿海地区。

截至 2019 年底，"南海Ⅰ号"的文物基本清理完毕，共获得各类文物 18 万件，远远超过最初估计的 6 万~8 万件船载物。出水文物以产自中国东南部的江西、浙江和福建窑口的不同种类的瓷器为主；铁质货物超过 130 吨；另有金银器、铜和锡制品、漆木器以及船上的个人生活用品等。"南海Ⅰ号"为认识古代的造船、航海和贸易提供了一个宝贵样本和浓缩的微型社会。

图 3-26 发掘现场 2

第 3 节

中国方案："南海Ⅰ号"的
水下考古与文化遗产保护

"南海Ⅰ号"考古项目的重要性绝非只是发现了保存完整的沉船和大批精美文物，也不限于获得了丰富而珍贵的海上丝绸之路研究的实物资料，还应包括这个考古项目中体现出的中国考古学综合实力和水下文化遗产保护方面的创新实践。"南海Ⅰ号"考古项目对于世界水下考古学的发展与中国水下文化遗产保护事业来说，具有举足轻重的推动作用。

"南海Ⅰ号"考古项目开启了我国水下考古事业，并见证了其从无到有、从弱到强的发展过程。1921年，北洋政府农商部矿政顾问、瑞典人安特生（Johan Gunnar Andersson）在河南省渑池县仰韶村的考古发掘开启了中国考古学的序幕。在之后的60多年时间里，中国考古几乎所有重要发现都位于陆地上，江河湖海中的文物没有得到多少关注，这与中国考古刚刚起步、陆地考古资源丰富以及水下考古技术准备不足有关。直到1987年，这一状况才因"南海Ⅰ号"的发现而彻底改变。以此发现为契机，我国开始培训水下考古人才、组建水下考古机构和完善水下考古体系，近40年来在水下考古调查和发掘方面取得了丰硕成果。20世纪末到21世纪初，国家文物局组织开展了中国沿海的区域水下考古调查，在海南、广东、福建、山东等地发现了一批水下文物线索，特别是西沙群岛海域的考古调查确认了数量较多的唐五代至民国时期的沉船遗迹。除"南海I号"外，我国的水下考古机构还对海南省"华光礁I号"宋代沉船、辽宁省绥中县"三道岗"元代沉船、福建省平潭县"大练岛I号"元代沉船、广东省南澳县"南澳I号"明代沉船、浙江省宁波市"小白礁I号"清代沉船、福建省平潭县"碗礁I号"清代沉船等进行考古发掘，并提取了大量文物（图3-27，图3-28，图3-29）。在水下考古机构和队伍不断壮大的同时，新技术运用和考古装备更新也持续扩大，声学、磁性遥感探测设备广泛用于考古探测，水下机器人开始在复杂的水域环境中使用。2014年，"中国考古01"号考古专用船（图3-30）下水，使我国成为世界上第三个拥有水下考古专用船的国家，极大提升了我国水下考古的作业能力，并为远海水下考古提供了平台支撑。国家文物局考古研究中心在2018年和2023年先后四次与国家海洋探测科研机构合作，选择西沙群岛海域进行载人潜水器的深海考古探测实验，在数百米乃至超过1500米的深水区域发现了古代沉船，提取了水下文物。考古人员在长期的实践中逐渐总结出一些符合我国水域特点的考古作业方法，比如针对浊水环境中文化遗产的考古方法。21世纪初，福建省东山县东古湾发现一艘与郑成功有关的沉船。沉船位于靠近海岸的浑浊海湾中，考古人员在沉船周围设置滤网，使水体能见度得到明显改善，原址考古得以顺利实施。在重点关注沉船的同时，我国水下考古机构还尝试开展了针对其他类型水下文化遗产的考古项目，如对辽宁省绥中县姜女石遗址、湖北省丹江口市均州古城、浙江省千岛湖淳安古城、广东省佛山市石燕岩水下采石遗迹的考古等。

"南海I号"考古项目的创新做法为世界水下考古提供了全新技术范例，也是建设有中国特色、中国风格和中国气派的考古学的重要探索。"南海I号"考古获得十数万件精美文物，为海上丝绸之路研究提供了

图 3-28 "南澳 I 号"
明代沉船船载文物

图 3-27 "华光礁 I 号"
宋代沉船船载文物

图 3-29 "碗礁 I 号"
清代沉船出水的瓷器

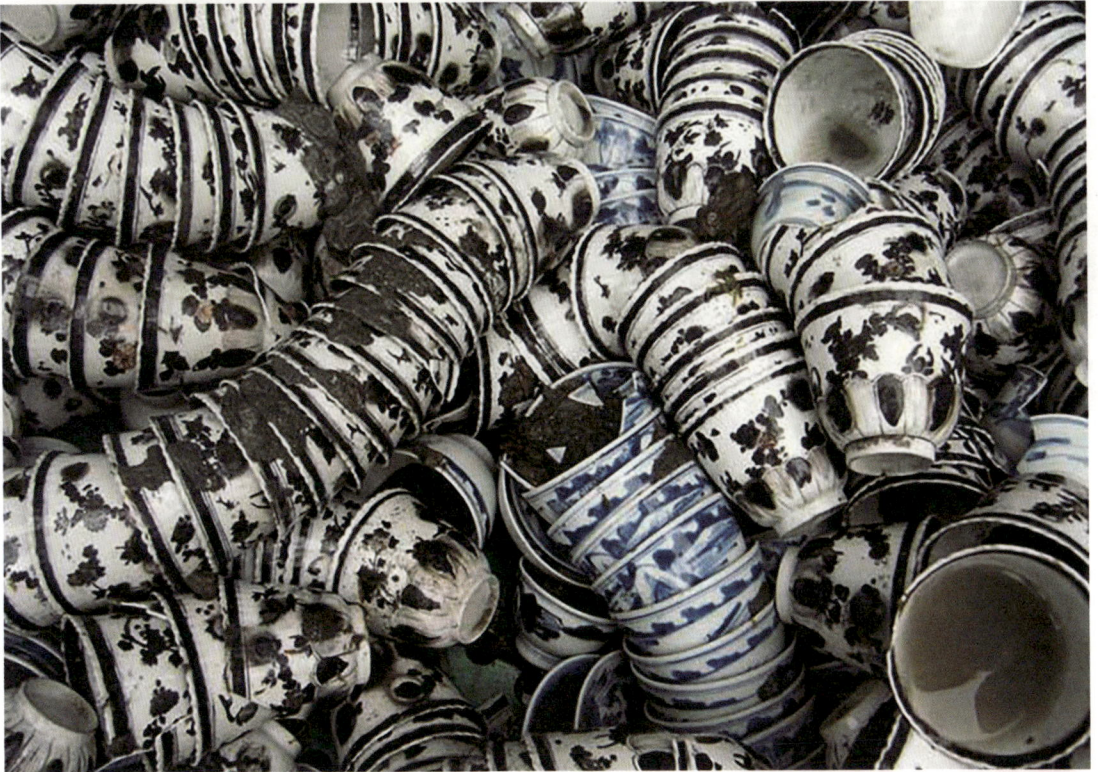

Nanhai I Shipwreck　叁　考古篇　143

144 船说 "南海Ⅰ号"船说
——从中国水下考古看海上丝绸之路

图 3-30 "中国考古 01"号考古专用船

丰富资料。"南海Ⅰ号"考古聚集了考古学、海洋工程学、地质学、生物学、材料化学、年代学、信息科学、文物保护等学科的专家和团队,将先进的遥感探测、三维测量、无损分析和古基因组研究等技术引入考古工作,推动了水下考古领域的多学科合作。根据"南海Ⅰ号"具体情况实施的古沉船整体打捞、博物馆中的水循环保护法、湿式考古发掘法、三维全数据采集等,在更好地保护水下文化遗产的同时,也推动了考古发掘、文物保护和博物馆展示的"三位一体"实践。该考古项目被联合国教科文组织推荐为"水下文化遗产保护的最佳实践"案例。整体打捞不仅在"南海Ⅰ号"考古中取得了成果,也为开展类似的沉船保护项目提供了借鉴。2022年11月,上海市文物部门宣布"长江口二号"清代沉船成功打捞出水并整体迁移到位于该市杨浦区的上海船厂旧址1号船坞。"长江口二号"沉船考古在世界首创了"弧形梁非接触文物整体迁移技术"(图3-31),其整体打捞成果无疑是"南海Ⅰ号"考古理念的新案例和新发展。

"南海Ⅰ号"的迁移式保护,为水下文化遗产的保护利用提供了新途径,推动了我国水下文化遗产保护事业的新发展。针对水下文化遗产类型多元、保护手段多样的特点,我国的文物工作者根据水下遗址的具体情况提出了不同的保护策略。2001年,联合国教科文组织通过的《保护水下文化遗产公约》中将"原址保护"作为首选原则。2007年白鹤梁水下遗址博物馆建成开放,对长江中的白鹤梁遗址进行了原址保护和展示。该项目入选联合国教科文组织的水下文化遗产保护最佳实践案例。当然，首选原则并不是唯一原则，《保护水下文化遗产公约》也认可各国根据实际情况采取有利于文化遗产保护的其他做法，像"南海Ⅰ号"这样的整体迁移、异地保护做法同样为世界提供了一份"中国方案"。我国政府早在1989年就颁布了《中华人民共和国水下文物保护管理条例》，并于2022年重新修订，增加了有关水下考古和文物展示利用等方面的内容，为我国水下文化遗产保护提供了更加切实的保护措施。沿海的各省级人民政府则根据自己的实际情况，适时加强对水下文物的法律保护工作。我国对水下文化遗产管理实行登录和分级保护管理制度。海南省的"北礁沉船"遗址在2006年成为首个列入全国重点文物保护单位名录的水下文化遗产。2007—2011年的第三次全国文物普查中，水下文化遗产被纳入普查目标，全国登录的水下文化遗产点增加到100多处，并有更多的遗址被列为文物保护单位，如华光礁Ⅰ号宋代沉船遗址、南沙洲沉船遗址等成为海南省级文物保护单位，狮城遗址成为浙江省级文物保护单位等。2015年，广东省更是在国内率先宣布设立南海Ⅰ号沉船遗址和南澳Ⅰ号沉船遗址两个省级水下文物保护区。这种通过设立保护区进行水下文化遗产管理的方式，即使放眼全世界，在保护理念和管理效果方面也都具有领先性。

图 3-31 准备安装的弧形梁（图据国家文物局）

宋王朝对海洋贸易的积极支持态度及其先进的手工制造业，使海洋贸易的开展具备了良好的发展环境。"中国制造"在海外市场供不应求，亚洲、非洲沿海主要国家的商人、使节和传教者纷纷来华，共同创造出一派"涨海声中万国商"的互利共赢繁荣景象。与古代文献中抽象的货物名称相比，"南海Ⅰ号"出水的超过18万件的各类船货，为研究当时的海上丝绸之路贸易提供了丰富、直观的实物资料。来自中国东南地区诸多窑口的青瓷、青白瓷、绿釉瓷、酱釉陶等陶瓷器以及铁锅、铁钉、铁坯件等铁制品是当时"出口商品"中的主流产品。此外，漆木器、金银制品、丝绸等反映中国手工业高超工艺的商品，也深受国外市场欢迎。"南海Ⅰ号"上发现的金银货币和铜钱同样反映了中国货币在海洋贸易体系中的重要地位。

　　宋王朝对进口商品进行了品质区分，香料、药材和犀角、象牙等贵重物品在中国有很好的销路，而域外的其他特产也丰富了宋朝百姓的日常生活。虽然，进口商品因其本身材质和消耗品的属性大多很难保存至今，但是泉州湾南宋古沉船上的大量香料以及"南海Ⅰ号"上出水的胡椒、石栗，都是了解当时进口商品状况的珍贵物证。

肆 货物篇

第 1 节

中国瓷器销万里

在西方文献记录里,中国既是丝绸之国也是瓷器之国,这两种产品都是我们这个东方古国的代名词。按照我国古代文献的记载,最晚在西汉时中国商人已经掌握了数条通往印度洋的贸易路线。(图4-1)《汉书·地理志》上记载:

> 自日南障塞、徐闻、合浦船行可五月,有都元国,又船行可四月,有邑卢没国;又船行可二十余日,有谌离国;步行可十余日,有夫甘都卢国。自夫甘都卢国船行可二月余,有黄支国,民俗略与珠厓相类。其州广大,户口多,多异物,自武帝以来皆献见。有译长,属黄门,与应募者俱入海市明珠、璧流离、奇石异物,赍黄金,杂缯而往。……自黄支船行可八月,到皮宗;船行可二月,到日南、象林界云。黄支之南,有已程不国,汉之译使自此还矣。

这段文字并不长,信息量却相当丰富。第一是讲清楚了中外联系的航海路线。根据文字描述可知,汉朝的商船从现在的广东徐闻、广西合浦一带出发,经过都元国等四个国家,到达黄支国,并经已程不国和皮宗归国的路线。其中黄支国是非常重要的贸易点，有人认为这个国家位于今天印度科罗曼德尔海岸的阿里卡梅度一带。如果这一认识无误，那么位于黄支国南边的已程不国就在斯里兰卡岛上。去程与回程的路线不同，应该跟季风及贸易的方式有关。第二是明确了贸易的时间，也就是汉王朝商人与黄支国的往来不晚于汉武帝时期。（我国考古工作者还发现过战国晚期与海洋贸易交流有关的文物，可证明在不晚于公元前3世纪时，太平洋西岸—印度洋的海洋交流就已经存在了。）第三是说明了贸易物品。文献中明确记载中国商人购买的物品有明珠、璧琉璃、奇石异物等，而带去售卖的则是黄金和多种丝绸，奢侈品贸易性质非常明显。第四是阐明了贸易性质。从文中可以看出，当时的跨洋贸易由官方主导（作为朝廷宦官代表的黄门领带）、雇佣人员参与（应募者），是一种官私合作的贸易方式，与宋元以后海上丝绸之路上的朝贡贸易和纯粹民间贸易都不一样。

最迟从唐代开始，早已在中国人日常生活中不可或缺的瓷器开始大量向海外销售。唐代强盛的国力、繁荣的经济、包容开放的社会氛围都为中外商贸往来和文化交流提供了极好的条件。考古发现的唐代瓷器已经销售到今天的朝鲜半岛、日本列岛，以及东南亚、西亚，取代丝绸成为中国对外贸易的最热门商品。如果说西汉开创了丝绸的陆上贸易时代，那么唐王朝绝对是启动了瓷器的海洋贸易时代。唐代瓷器制作精良，陆羽的《茶经》中就记载邢州、越州、洪州、婺州和寿州等地盛产瓷器，并有"邢瓷类银，越瓷类玉"的评论。唐代诗人皮日休《茶中杂咏·茶瓯》也称赞："邢客与越人，皆能造兹器。圆似月魂堕，轻如云魄起。"

与丝绸不同，瓷器重且易碎。依靠骆驼和车队的陆路运输瓷器，存在运输量有限和颠簸易碎的风险。这样的困局和唐代造船航海技术的进步为海上丝绸之路走向繁荣提供了极好地契机。根据唐代宰相贾耽所著的《皇华四达记》记载，当时已有一条"广州通海夷道"，顺着这条海路，海商们可以跨越远洋，从东方的广州抵达波斯湾沿岸的港口（图4-2）。与唐代大致同一时期，西亚的阿拉伯帝国崛起，阿拉伯商人随着伊斯兰

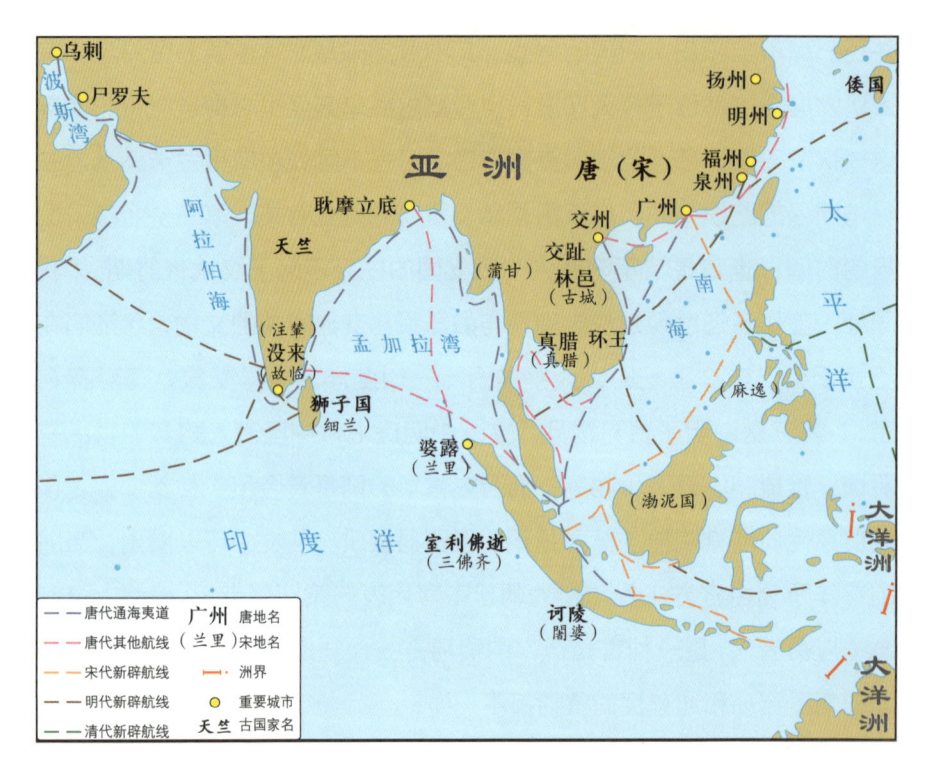

图 4-1
西汉海上丝绸之路航线（据席龙飞等《中国科学技术史（交通卷）》

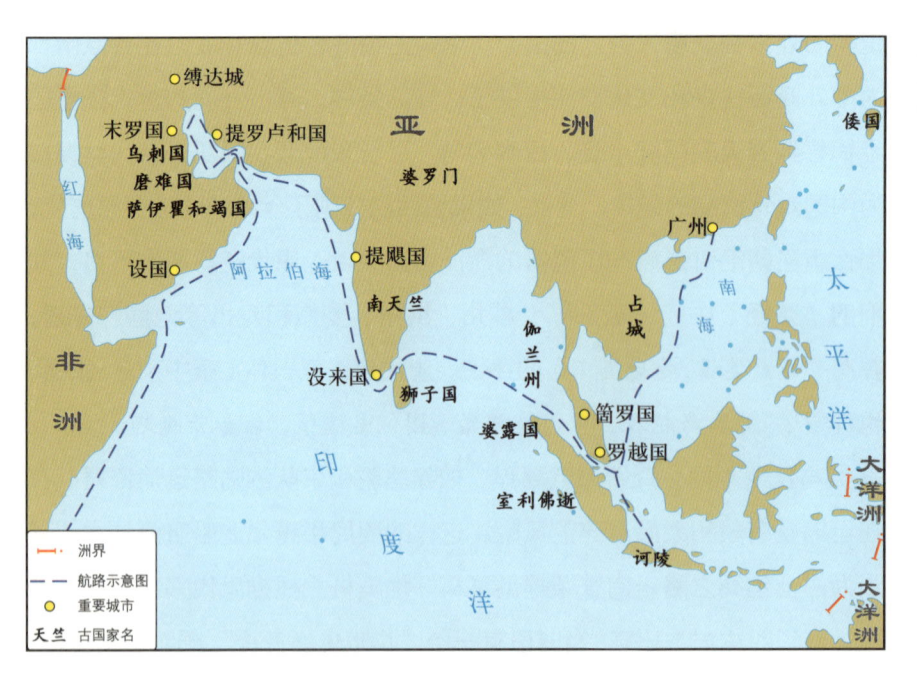

图 4-2
贾耽记载的"广州通海夷道"航路示意图（据孙光圻《中国古代航海史》）

教的扩张频繁往来于西亚、南亚、东南亚和东亚地区。历史上，无论陆地还是海洋中都留下了东西方两个帝国的商人直接交往的证据，其中最重要的发现之一是印度尼西亚海域发现的一艘沉船。

1998年，一位渔民在印度尼西亚勿里洞岛附近潜水捕捞海参时，突然被远处海底的一堆东西吸引。他游过去一看，发现居然是一些色彩鲜艳的瓷器。出于好奇，便随手捞了几件。让这位渔民没想到的是，他带回家的这些东西居然引出了一个惊世发现。不久之后，一家外国打捞公司闻讯而来，找渔民探听发现瓷器的地点并调查确认瓷器来自海底沉船。因为沉船附近海底有一块巨大黑色礁石，于是打捞者就把这艘沉船称为"黑石号"（Batu Hitam）（图4-3），也有人因为沉船地点在印度尼西亚勿里洞岛附近而称其为"勿里洞沉船"。很快，这家公司和印度尼西亚政府谈妥了商业打捞协议，他们用了两年的时间，从"黑石号"沉船上获取了6万多件瓷器和一定数量的金银器、铜镜等文物。根据沉船上一件青釉碗外壁刻写的"宝历二年七月十六日"字样（图4-4），确定"黑石号"沉没年代不早于826年。宝历是唐敬宗李湛的年号，这位只做了两年皇帝就被宦官杀死的李湛并不是一个好的领导者，他沉迷打马球、打夜狐等游乐活动，不理政事。《旧唐书》评价他，"宝历不君，国统几绝""彼狡童兮，夫何足议"，意思是，他没个皇帝的样子，差点把国家搞灭亡了，这小子就不值得评论。虽然皇帝昏庸，但是当时的国际关系和社会经济却发展得不错，大量外商前来大唐贸易，"黑石号"就是外商货船中的一艘。之所以肯定它是外商货船，跟船舶的建造技术有关。"黑石号"采用了缝合技术建造，也就是说船板是用绳索连接起来的（图4-5），这是波斯湾和阿拉伯海沿岸一带流行的造船工艺，与中国古代船舶使用榫卯及铁钉连船板的做法差别很大；同时，制作"黑石号"所用的木材大部分为缅茄木、极少为柚木，前一种木材只有非洲出产，而后一种则产于印度、缅甸和其他东南亚地区，有人据此推断这是一艘来自波斯湾地区的商船。

"黑石号"上数量最多的陶瓷器产于长沙窑，超过船载陶瓷器总

图 4-3 "黑石号"水下埋藏状态

图 4-4
"黑石号"出水的刻有"宝历二年七月十六日"字样的青釉碗

图 4-5
复原的"黑石号"局部

量的80%。因为长沙窑位于湖南省长沙市铜官镇，因此也叫"铜官窑"。长沙窑虽在初唐时已烧造瓷器，但直到晚唐五代时才发展成为当时著名的外销瓷器窑场。长沙窑的陶瓷产品非常有特色，首先是另辟蹊径的瓷器装饰。了解中国陶瓷史的人都知道，隋唐时期中国瓷器生产的地域特点是"南青北白"，就是南方以越窑为代表的青瓷和北方以邢窑为代表的白瓷，它们都是单色瓷器。长沙窑却大胆地使用了褐彩、红彩、绿彩等进行点缀，使得产品艳丽且引人注目。同时，长沙窑的工匠还把诗文绘画融入瓷器装饰设计。有人统计，长沙窑瓷器上发现的唐诗有数百首之多，而且绝大部分是《全唐诗》中没有收录的，比如长沙市博物馆收藏的一件褐彩瓷壶（图4-6）上有"君生我未生，我生君以（已）老。君恨我生迟，我恨君生早"的诗句。虽然文字平白质朴，但诗意缠绵悲哀，相见恨晚之情扑面而来。其次是自我营销的商业手段。古人和现代人一样，也会做产品广告。但是明目张胆地把广告直接写在产品上的，长沙窑瓷器算是开了一个先河。广告词有的很含蓄，只写一个姓，比如"张""何""王"等，有的稍微直白一些，如"陈家美春酒""陈家茶店""石渚盂子"，还有的口气很大，如"绝上""郑家小口天下有名""卞家小口天下第一"等。小口是指一种口部较小的瓷器。当然，带有广告词的瓷器明显是专门订制的。再次就是面向海外市场的营销思维。长沙窑瓷器上绘制的图案或者模印贴花带有明显的异域元素，比如绘制狮子纹、摩羯纹（图4-7）、胡人头像等，器表模印贴花中流行的椰枣树纹（图4-8）、狮子纹（图4-9）和胡人乐舞等形象。20世纪80年代，扬州出土了一件阿拉伯瓷壶（图4-10）。这些装饰与多彩颜色相搭配，显然是为了迎合外国客户的喜好。最后是长沙窑瓷器的价格便宜。湖南博物院收藏的一件瓷壶上写着"富从升合起，贫从不计来，五文"的字样，意思是说勤俭才能持家，大手大脚会导致贫穷，所以要买只买五文钱的长沙窑瓷壶。有人按照米价的对比，推算唐代五文钱大约相当于现在的五毛钱。这个价格，如果与刻有"价直（值）一千文"的同时代越窑瓷器相比，简直就是白菜价。正是有了这些特色，长沙窑瓷器在晚唐五代时期成为海外客户最喜欢的瓷器产品之一。当然，我国古代瓷器的产品种类和生产技术不断推陈出新，不同时期主推的瓷器也在不断变化。唐代中晚期，销往海外的瓷器主要是著名的四组合，它们是长沙窑瓷器、越窑青瓷（图4-11）、广东青瓷（图4-12）、邢窑或者巩义窑的白瓷。从五代到北宋早期这一阶段，沉船上装载瓷器的比例显示，越窑瓷器的比重不断增加，而长沙窑的产品却不断减少并慢慢消失了。例如五代时期的"印坦"沉船上，超过一半的陶瓷商品是广东窑口生产的青黄釉瓷器，越窑瓷器占30%左右。相当于北宋初期的"井里汶"沉船上，装载的40多万件瓷器中绝大部分是越窑产品，不见长沙窑产品。

11—13世纪，外销陶瓷的构成发生了较大变化，最明显的是越窑瓷器外销的衰弱和龙泉瓷业的兴起，福建和景德镇的外销陶瓷生产也进入快速发展时期，青瓷和青白釉瓷器都是畅销产品。福建地区瓷业生产的兴起和外销活动的繁荣，除了与北方地区陶瓷生产技术的南传及生产技术的更新有关外，东南沿海港口城市的兴起也是推动陶瓷外销的重要因素。泉州在南宋至元代时期超过广州成为当时世界上数一数二的大港，带动了当地外销瓷器生产的发展。另外，温州、福州等港口城市的兴盛也是重要的推动力。

图 4-6 褐彩瓷壶（长沙市博物馆藏）

图 4-7
"黑石号"出水的
长沙窑摩羯纹碗

图 4-8
"黑石号"出水的长沙窑贴椰枣树纹壶

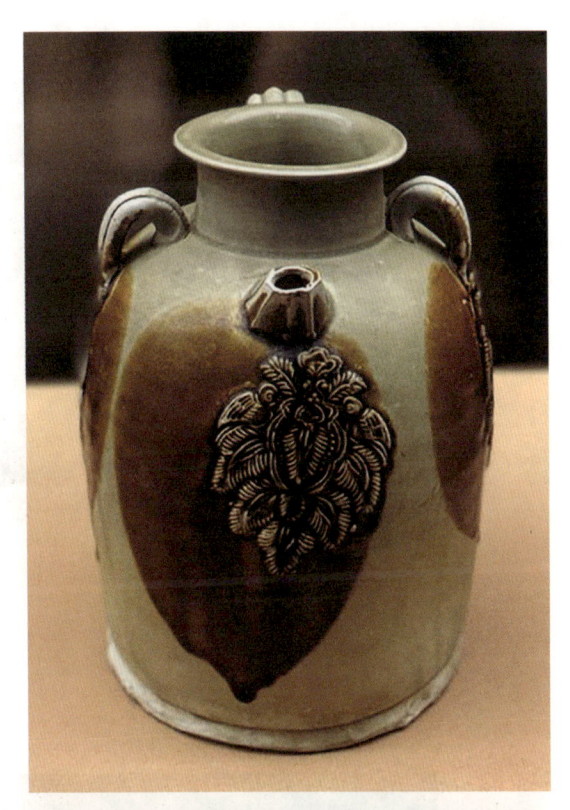

图 4-9
"黑石号"出水的长沙窑贴狮子纹壶

图 4-10
阿拉伯文瓷壶
(扬州博物馆藏)

图 4-11
"黑石号"出水的越窑青瓷

图 4-12
"黑石号"出水的广东青瓷

景德镇窑瓷器

到了南宋时期，景德镇瓷器、龙泉青瓷和福建地区生产的各种瓷器成为海外市场追捧的产品。"南海Ⅰ号"上的瓷器以景德镇窑的青白瓷器品质最佳。清代的《景德镇陶录》有载，"景德镇属浮梁之兴西乡，去城二十五里，在昌江之南，故称昌南镇。……水土宜陶，陈以来，土人多业此。至宋景德年始置镇，奉御董造，因改名景德镇"。可知北宋景德年间，昌南镇奉皇命改名为景德镇，生产贡瓷。此后，景德镇扬名天下并生产至今，成为著名的"瓷都"。南宋时期，景德镇瓷器不仅畅销国内各地，海外销售也遍及从日本到地中海东岸的广大区域。从北宋晚期开始，景德镇各窑场生产的影青瓷走向繁荣，是当时最有特色的瓷器品类。之所以叫做"影青"，是因为这种瓷器的釉使用的是透明釉，釉层薄的地方可见釉下的洁白瓷胎，釉层厚的地方或者纹饰凹线处因为积釉会显现出淡青色，一眼望去感觉瓷器白中泛青、青中带白，有很强的玻璃质感，如一抹淡淡的青影，古文献中也把它们叫做"映青"或者"罩青"。现代研究者习惯把景德镇窑影青瓷器和福建、广东地区生产的同样是白中闪青的瓷器称为青白瓷或者青白釉瓷。"南海Ⅰ号"上发现的影青瓷器中以碗、盘两类器物最多，器物表面常用植物主题的纹饰，包括菊瓣纹、叶脉纹、折枝纹、莲花纹等，用花朵和婴儿形象组合成的花卉婴戏图案精美绝伦。这些纹饰的装饰手法既有精细的刻划，也有规整的模印，与青白釉色融为一体（图4-13，图4-14，图4-15）。影青瓷的刻划纹饰采用了"半刀泥"技法，刀刻娴熟，线条流畅如水。"南海Ⅰ号"上发现的叶脉纹深腹碗的胎壁极薄，考古人员发现如果把它举起对着阳光，光线可以穿透器壁，器壁上浅刻的叶脉纹被映照得纤毫毕现。考古人员还注意到这种瓷碗的口沿没有施釉，这种做法被称为"芒口"。南宋著名文人陆游晚年所著的《老学庵笔记》中记载，"故都时，定器不入禁中，惟用汝器。以定器有芒也"，意思是说北宋时皇宫里只用汝窑瓷器而不使用定窑瓷器，因为定窑瓷器是有芒口的。所谓的芒口，

图 4-13
景德镇窑青白釉婴戏纹碗

图 4-14
景德镇窑青白釉印花碟

图 4-15
景德镇窑青白釉印花盘

是指口沿一圈不施釉或者在烧制瓷器前刮掉口沿处的釉层，露出瓷胎。芒口多出现在瓷碗等饮食器上，唇或手的触感不好，可以算是瓷器上的一种缺陷。既然芒口瓷器不讨人喜欢，为什么还会生产这种瓷器呢？要搞清楚这个问题，先来看看中国瓷器烧制方法的演变。古人为了保证瓷器品质，常常把器物放到专门制作的匣钵中烧制，一个匣钵中只放一件器物。为了防止烧制过程中瓷釉把器物和匣钵黏在一起，古代窑工不在瓷器底部施釉，并且用瓷土制成的垫饼或者支钉把瓷器和匣钵隔开。由于每个匣钵只烧一件器物，大大限制了产品的产量。于是，北宋中晚期，定窑的工匠率先想出了办法。他们把匣钵改造成多个支圈层层相叠的结构，把瓷碗倒扣在匣钵内的不同支圈上，这就是著名的"支圈覆烧法"。烧制方式的改变让定窑瓷器生产从一匣一器变成了一匣多器。为避免瓷碗碗口黏住匣钵，工匠们就不在碗口施釉，虽然口沿不够光滑，但生产效率和产品产量都大幅提升，适应了商品化生产的要求。北宋末年，宋金冲突加剧，河北一带沦为战场，大量窑工向南方迁徙，也把瓷器生产技术带到了其他地区。景德镇窑的生产者很可能也是在这时学会了芒口制瓷和支圈覆烧技术。对于瓷器口沿粗糙不好用的问题，中外的消费者想出了新办法，他们用金、银、铜等金属包住器物口沿，通常是使用者的身份地位越高，制作时使用的金属就越贵重。这种镶嵌金属的器物就是"金装定器"，也叫"扣器"。《说文解字》解释说，"扣，金饰器口"。经过这种加工，原来的瑕疵器物摇身一变成了时髦和身份的象征。"南海Ⅰ号"出水的芒口器中没有成品扣器（图4-16），大概是要把这一步的精加工留给瓷器的消费者去完成。

龙泉窑瓷器

图 4-16
景德镇窑青白釉芒口小碗

在"南海Ⅰ号"上，龙泉青瓷数量不少，也是船货中的一大特色。根据元末明初的鉴定家曹昭所著的《格古要论》记载，"古龙泉窑在今浙江处州府龙泉县，今曰处器、青器、古青器。土脉细且薄，翠青色者贵"。龙泉窑因产地得名，北宋末年龙泉窑产品的品质大幅提升，宋徽宗宣和年间曾得"禁庭制样须索"，一跃成为宫廷用瓷。因产量大且品质高，龙泉瓷器也大量行销国内和海外。

"南海Ⅰ号"出水的龙泉青瓷的釉色有青黄、青绿、青灰等色，可能是在不同瓷窑中生产的缘故。龙泉窑瓷器种类简单，基本都是碗、盘、碟之类的日用盛装器皿，制作上较为精美，釉质透明光洁，有很强的玻璃质感。"南海Ⅰ号"出水的龙泉窑瓷器中有一种菊瓣纹碗，表面的透明釉润泽晶莹，一眼看去似盛有半盘清水（图4-17）。沉船中的龙泉窑瓷器莲花题材最常见，如用莲花与荷叶组合的图案装饰瓷器内壁，而单独的莲瓣纹则装饰在器物外壁（图4-18）。工匠们用竹或者金属质地的刀具在半干的瓷胚上刻出莲花的抽象线条。因为使用了斜刀技法，刻痕产生了深浅、宽窄不一的变化，让图案有了很强的立体感，简单几刀就能表现出莲花的飘逸灵动（图4-19）。因为是手工刻绘，每一株莲花都能呈现出不同的美丽。"南海Ⅰ号"每个船舱中几乎都装载了成摞的龙泉窑瓷器。瓷器之间用稻秆或草叶垫隔，根据器物大小分成40个或者80个一组，再以木板条、竹条或者竹篾捆扎包装（图4-20）。每组瓷器顺船舱方向错缝侧身平置，分层码放。不少龙泉窑瓷器位于船舱下部，或许它们会被售卖到更加遥远的地方。龙泉窑瓷器是继越窑之后，浙江地区另一种重要青瓷品类。南宋时，瓯江两岸及邻近各县的窑址密集，有人描述这里是"窑群林立,烟火相望,江上运瓷船往返穿梭,日夜繁忙"。考古发现的龙泉瓷窑以大窑和金村两地最多，产品质量也最佳。按照学者们的研究，北宋中晚期龙泉窑生产快速发展，南宋时期龙泉工匠创烧出粉青、梅子青这样驰名中外的釉色，把龙泉制瓷技术推向繁荣。南宋皇宫遗址和南宋六陵遗址出土的瓷器中，龙泉窑精品瓷器在数量上非常突出，这时的龙泉窑已经成为南宋宫廷用瓷的供应商。大约从11世纪起，龙泉瓷器开启了外销之路，精美的瓷器沿瓯江外运，通过明州（今浙江省宁波市）、温州、泉州或者广州等港口销往从太平洋西岸到印度洋西岸的国家和地区。北宋和南宋早中期的龙泉窑瓷器的外销和内销产品没有太大区别，主要是像"南海Ⅰ号"装载的那些内壁刻划花纹的碗、碟等日用器物。到了南宋晚期以及元代时，高档青瓷碗、带盖罐、大盘、花瓶、香炉等大型器物加入了外销商品的货单，而且此时龙泉窑的生产商们也有意识地根据海外客户的需要和喜好生产瓷器。元明两代，龙泉窑瓷器在海外市场上广受追捧，福建、广东，甚至东南亚的越南、泰国等地都出现了大量的"仿龙泉"瓷器，在世界瓷器发展史上写下了浓墨重彩的一笔。

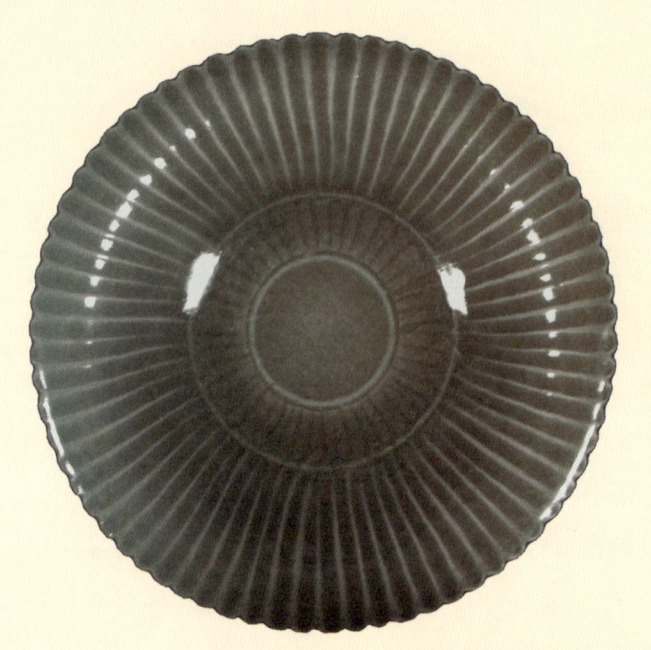

图 4-17
龙泉窑青釉菊瓣纹盘

图 4-18
龙泉窑青釉莲纹花口盘

图 4-19
龙泉窑青釉刻花碗

图 4-20
木板条捆扎包装的
龙泉窑青瓷碗

德化窑瓷器

南宋时，福建地区的瓷器生产伴随着泉州、福州等港口的发展而繁盛起来，德化窑、磁灶窑、闽清义窑等都成长为重要的外销瓷器产地。它们仿制同时期的景德镇窑或者龙泉窑瓷器，或者引入海外消费者喜欢的元素，生产面向海外市场的产品，从南宋开始经元明清而不衰。无论在数量还是种类上，"南海I号"上的德化窑瓷器都高居榜首。德化窑瓷器以个体较小的瓷罐、粉盒、瓷瓶为主，因为体积小，常常被用来填塞瓷器间的缝隙（图4-21），或者被装入大个头的陶瓷器皿中（图4-22，图4-23），以便在有限的空间内装入更多的货物。海外市场的旺盛需求，让瓷器生产者挖空心思去增加产量，一方面增加窑炉的数量，另一方面则是提高生产效率。景德镇窑的芒口覆烧法就是出于这种目的，德化窑的工匠们也想出了自己的办法，他们大力推广瓷器"模件化"生产。在我国古代，手工业生产中最常见的是一位工匠负责产品的全部制作流程，比如做一件玉器，经验丰富的玉工会承担从选料、起稿、雕刻粗胚、琢磨细部，直到抛光完工的全部工序，这种做法

图4-21
德化窑瓷器的装货方式

图 4-22
套装的陶瓷器

图 4-23
德化窑青白釉印花
四系罐套装喇叭口瓶

图 4-24
德化窑青白釉小瓶

能够保证产品的质量,但是产量不高却在所难免。现代工业生产的专业分工模式证明,由不同工匠分别承担同一件产品的不同部分,最后组装完成整体,能大幅提升工作效率。宋代德化窑的生产者就是将一件瓷器分成不同的组件,比如瓷瓶可分成口部、上腹、下腹和底四个部分(图4-24),瓷罐可分成上部、下部和器耳三个部分(图4-25,图4-26)。工匠们用标准化模具把炼制好的瓷土压制成各种组件,然后组装成完整器。瓷器表面的装饰花纹,既可以使用同样标准化了的弦纹、卷草、缠枝花、莲瓣和蕉叶等纹饰模件印制到器身,也可以在瓷器组件模具内刻上花纹,一体化、一次性成型。这样的模件化生产方式,大幅降低了复杂瓷器的制作难度,同时也大大提高了生产效率。由福建

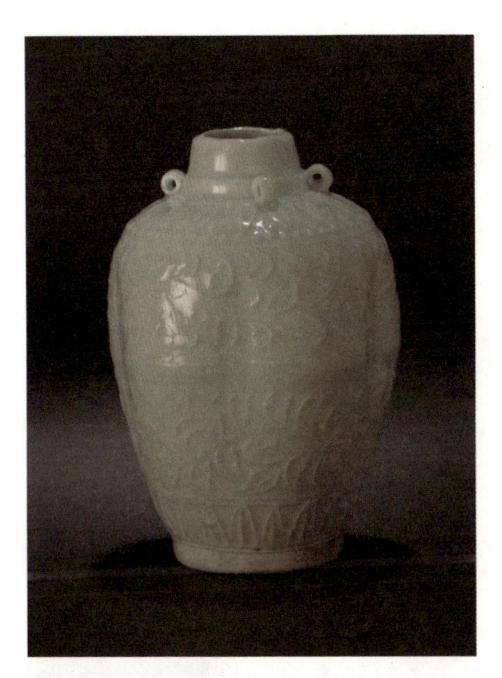

图 4-25
德化窑青白釉四系小罐

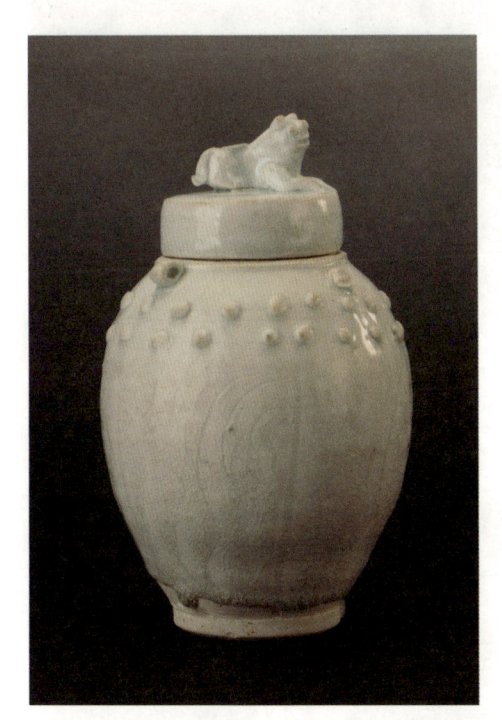

图 4-26
德化窑青白釉四系兽钮盖罐

屈斗宫和碗坪仑两处窑址的考古工作可知：德化窑始烧于唐代，宋元时期德化境内已是窑场密集，主要烧制各种日用的青白釉陶瓷产品。"南海 I 号"的德化窑瓷器中的粉盒大小不一（图4-27，图4-28），盒盖上的印花种类繁多，适合多种用途的同时，在样式上也给了消费者更多选择。除了传统的中国瓷器样式和纹饰，德化窑瓷器中还有一些明显受到了外来文化因素的影响，如多面体造型的青白釉六棱执壶（图4-29）与我国传统圆润流畅的瓷器不同，如青白釉铺首执壶（图4-30）明显是仿金属器制作。"南海 I 号"的德化窑瓷器中还发现有青白釉军持（图4-31）。军持是印度梵语音译，原本是佛教僧侣使用的净瓶，东晋高僧法显的著作中就提到过这种器物。后来，这种器物随佛教传入我国，江西和河南的隋代墓葬中发现的青瓷象首造型军持是我国目前所知年代最早的军持器物。南宋时期，军持作为一种盛水器皿开始在民间流行。因为同时期的东南亚、西亚市场也流行这类器物，所以不少窑口也生产军持，作为外销产品的一种。

图 4-27
德化窑青白釉粉盒 1

图 4-28
德化窑青白釉粉盒 2

图 4-29 德化窑青白釉六棱执壶

图 4-30 德化窑青白釉铺首执壶

图4-31 德化窑青白釉军持

磁灶窑陶瓷器

在福建南部还有另一个很有特色的外销瓷器窑口——它就是产于晋江梅溪沿岸的磁灶窑。"南海Ⅰ号"船货中，磁灶窑生产的陶瓷器分为两大类，第一类是酱黄或者酱黑色釉的小口瓶（图4-32，图4-33）和扁壶（图4-34）。它们选用的瓷土品质差，烧制温度低，质地介于陶器和瓷器之间。小口瓶体形细长，上端粗大下部细窄，状如鸡腿，民间俗称"鸡腿瓶"。一个很有趣的现象是，器物只有口沿周围及上部施釉，腹部以下都是素胎，而且还会在下腹部或者底部用黑墨写上不同的姓氏。有人推测这些姓氏可能用来标示货主。"南海Ⅰ号"上磁灶窑的第二类产品是绿釉瓷器，包括弦纹小瓶（图4-35）、葫芦形瓶（图4-36）、花口小碟（图4-37）、菊瓣形碗（图4-38）等。与其他窑场产品的圆润造型不同，该类瓷器多是仿制金属器皿，形态上还特意模仿很早就在西亚一带流行的锤揲工艺形成的凹凸感，应是专为外销而生产的。绿釉瓷器采用铜或铅作为呈色剂，烧制出来的釉色呈现草绿色或者墨绿色。这样颜色的器物在伊斯兰教盛行的地区一直很受欢迎，唐代外商沉船"黑石号"上就购买了巩义窑生产的绿釉瓷器。因为器表绿釉属于低温釉，与玻璃化的高温釉不同，容易氧化，氧化后釉色会发生银化现象，让瓷器看起就像是一件闪亮的银器（图4-39）。不过，虽然磁灶窑绿釉产品深受外国消费者欢迎，但这些瓷器器表的低温釉容易脱落，而其中所含的金属物质，无论是铜还是铅等人体所需的微量元素均已过量，如果长期使用可能引发慢性中毒，对身体有害。

图 4-32
磁灶窑酱釉小口瓶

图 4-33
木塞塞口的
磁灶窑酱釉小口瓶

图 4-34
磁灶窑"然"字墨书扁壶

图 4-35 磁灶窑绿釉弦纹小瓶

图 4-36 磁灶窑绿釉葫芦形瓶

图 4-37 磁灶窑绿釉花口小碟

图 4-38 磁灶窑绿釉菊瓣形碗

图 4-39 局部银化的磁灶窑绿釉葵口小碟

奇石窑酱釉陶器

2021年底，广东省文物考古研究所对广东省佛山市南海区的宋代窑址进行了调查，将发现陶瓷标本的造型、纹饰、器物胎釉的化学成分与"南海Ⅰ号"上出水的陶罐进行了对比，确认沉船上的那些原来被认定为磁灶窑的酱釉大罐实为佛山奇石窑和文头岭窑生产。这类酱釉大罐一般个体较大，器胎厚重，器物肩部多装饰方框和文字戳印，文字内容包括"酒墱""玉液春"，或年份、各姓氏宅号等，类似陶罐在广州南越国宫署遗址的宋代地层中也有发现。酱釉大罐集中分布在"南海Ⅰ号"的第9号舱和第10号舱中，错落放置并垫以木条或者外套竹篮编织物（图4-40）。研究者认为这些大罐可能是用来储存酒水或者淡水的。同时，一些个体不大的酱釉罐也可能产自佛山的宋代窑址，最具代表性的是酱釉"艡前公用"墨书执壶（图4-41）。

图4-40 木条或竹篮包装的奇石窑酱釉罐

图4-41 奇石窑酱釉"艡前船公用"墨书执壶

第 2 节

外销的金属与美酒

两宋时期，政府的军事实力虽然并不强大，但是经济繁荣，文化昌盛，手工业生产水平居于世界领先地位。"中国制造"受到海外的欢迎，位于东亚的宋王朝已成为海上丝绸之路经济发展和贸易交流的重要货源地。

中外商人通过海上丝绸之路贩卖商品，极大地满足了相关国家和地区人民的生产生活需要。宋代海洋贸易商品大体上可分四类：第一类是手工业产品，如陶瓷器、丝绸制品、漆器等，这些货物是中国传统的手工产品，生产技术一直处于世界顶尖地位，也是深受海外市场欢迎的商品；第二类是金属制品，如铁制品、铜铅锡制品和金银制品等；第三类是工艺品，像玩具、乐器、雨伞、梳子等日常生活所需的小物件；第四类是农副产品，包括酒糖茶米、果脯、药材等。上述四类商品在"南海Ⅰ号"中都有发现，其中瓷器和金属器为大宗，也有少量丝绸、梳子、铜镜、玻璃珠饰、酒类等。

铁器

除精美且数量巨大的瓷器外,"南海I号"上以数量取胜的另一类货物是各种铁制品,包括铁锅、铁钉和半成品的铁条,总重量超过130吨。铁锅是带耳圜底的样式(图4-42),按照口径大小它们被层摞套叠堆放在船舱上部或者甲板面上,应该是最后装入的船货。结合"南海I号"上有把广东佛山所产的酱釉陶罐作为船货,而佛山在南宋时期也是著名的铁器产地,不排除沉船中铁器也可能产自这里。船上的铁钉类船货主要是平顶方柱形钉身的铁铲钉,每根长度为0.2米左右(图4-43)。在宋代,铁制品已经成为中国重要的外销货物。在现代社会中,铁和钢都是较常见的金属材料,但在12世纪时却不能小看。铁的熔点高达1500摄氏度,要想冶炼并制作成器并不容易。相比于同时代的世界其他地区,宋朝工匠已经熟练掌握了高超的铁器生产技术,铁制品产量大,价格便宜,深受东南亚消费者的欢迎。宋代铁矿的开采冶炼主要集中在京东路、河北路、江南西路和福建路,大约相当于今天的山东、河北、江西和福建几省。在当时需要大量开采的金、银、铜、铁、锡、铅等几种金属,均由政府管控并征收课税。其中铜、铁征10%的课税,而贵金属金、银的税率为20%。北宋英宗年间,全国共有271个金属冶炼矿区。到南宋初年,这个数字已经超过了

1300个，其中接近一半是冶炼铁矿的，铁矿带来的税收比唐代晚期增长了17倍。北宋的铁产量每年为5000吨到10000吨，高峰时达到了20000吨，据说超过18世纪初期英国的产量。南宋时期，东南沿海的福州、泉州、佛山一带都有发达的铁器冶铸作坊。这时已广泛使用煤炭作为燃料，冶铁技术迅速发展，灌钢法、百炼钢等技术得以推广，铁制品产量大增，出现了铁制农具、炊具、武器。经检测，"南海Ⅰ号"上不同种类的铁器制作方法有差别，铁锅为白口铸铁，是一种几乎不含石墨的铁碳合金，因断口呈银白色而得名，具有硬度高、耐磨损的特性。铁钉则使用了炒钢技术，也就是融化生铁，然后锻打成形，挤出杂质，让铁器变成熟铁或者熟钢，这种工艺被称为"锻造"。 不同产品使用不同的制造工艺，以实现各自的用途，反映了宋代高超的铁器生产水平。

此外，"南海Ⅰ号"中还清理出一定数量的铜环（图4-44）和锡珠，应该也是当时的外销金属商品。

酒类

"南海Ⅰ号"的第9号舱和第10号舱右部存放众多高度接近0.4米的酱釉大罐，跟其他船舱的同类器物不同的是，这些大罐用木条或者竹篮包装过，显得较为珍贵。虽然肉眼只能观察到淤积在罐内的泥巴，考古人员还是敏锐地觉察到它们的不同寻常。因为在海洋贸易中，纲首们为增加装载量不会浪费船上的任何一丝可用空间，其他沉船的大个头器物中往往都会装入别的货物或者食物、淡水等。于是考古人员决定对罐内淤泥进行检测，发现淤泥中含有酵母菌、曲霉、青霉、枝孢霉等。检测结果让人惊喜，因为这些微生物是构成酒曲的常见菌群，说明酱釉大罐是用来装酒的。进一步的证据来自大罐上戳印的文字，在一个残片上戳印有"酒墱"字样（图4-45），另一个大罐上则见"玉液春"（图4-46）。

唐宋时期，玉液就是酒的代称，如唐代白居易诗中的"家酝一壶白玉液，野花数把黄金英"，宋人苏辙也有"金龟解去瓶应满，玉液

图 4-45 戳印"酒墱"字样的酱釉陶瓷残片

倾残气尚豪"的诗句。同时，春在古代也可以指酒，苏轼《浣溪沙》词有"玉粉轻黄千岁药，雪花浮动万家春。醉归江路野梅新"句，并自注"余近酿酒，名万家春，盖岭南万户酒也"。早在南北朝时期，"春"字就有了酒的含义，在唐代更是普遍使用，酒常以春为名，如唐诗中的"金陵春""竹叶春""梨花春"都是酒名。按照古人的解释，酒多为春酿冬熟，故称"春酒"。

宋代制作酒曲和酿造美酒的技术和理论都有了长足进步，出现了《北山酒经》这样以酒为主题的著作。中国古代用糯米为主要原料酿酒，成品是发酵后过滤所得的非蒸馏酒。这样生产的酒液多浑浊且酒精度数不高，大约也就几度到十几度。按照现代分类法来看，宋酒至少包含黄酒、果酒、配制酒三类。黄酒虽然早已发明，但直到宋代才进入真正的技术成熟时期，文献中首次出现了"酿黄酒"的记载。宋代果酒的品种繁多，葡萄、梨、石榴、槟榔、椰子、枣、荔枝等都能用来酿造美酒，其中以黄柑酒最有名气。吉林省博物院收藏了一幅苏轼晚年的书法作品——《洞庭春色赋·中山松醪赋》（图4-47）。苏轼在文后

的跋中补记:"安定郡王以黄柑酿酒,名之曰洞庭春色。"在另一篇名为《洞庭春色》诗的诗引中,苏轼夸这种酒是"色香味三绝"。配制酒的千奇百怪则体现了宋朝人的创新精神,动物、香料、草药都拿来配入酒中。比如羊羔酒,也称白羊酒,就是把肥羊肉和米饭一起煮熟发酵后酿成酒,入口甘滑温润,是当时的高档酒。

酒在宋代是分等级的,不同等级售价不同:春天酿造秋天售卖的"小酒"分成26个等级,从每斤5文到30文不等;冬天酿造夏天售卖的"大酒"分23个等级,价格每斤8~48文。而当时的高档酒,比如银瓶酒能卖到每斤72文,而羊羔酒则是每斤81文。不过,总体来说当时的酒价还是很便宜的,有人换算说宋代一文钱大约相当于现在的一块钱。因为生产和贩卖酒的利润高,宋代法令条文汇编《庆元条法事类》中对酒类买卖有明确的限制。在当时"盐、矾、茶、乳香、酒曲、铜、铅、锡、铜矿、鍮石"被称为"榷货",须由政府专卖,不能在市场上自由买卖。政府公文显示,北宋熙宁年间仅汴梁一地的酒户每年就能生产300万斗酒,而政府专卖的各种货物中,酒息的收益仅次于盐息。有人统计文献中宋代酒名有200多个。

种类丰富、价格便宜的酒为酒肆的繁荣提供了条件。《东京梦华录》中记载东京城(今

图4-46 戳印"玉液春"字样的酱釉大罐

图 4-47
《洞庭春色赋·中山松醪赋》
（吉林省博物院藏）

图4-48
《清明上河图》
中卖酒的正店
酒肆

河南省开封市）可以喝酒的地方分为正店和脚店。正店共72家，它们均获得了政府授予的酿酒和贩卖许可。《清明上河图》中就绘制了很多间正店酒肆（图4-48）。脚店的数量不可胜数，它们未取得酿酒许可，但却可以从正店批发酒水，然后零售给顾客赚取差价。

因为便宜，酿造水平也不错，所以酒类顺理成章成了贸易物品，有些海外国家特别喜欢。马来半岛东南部一个叫做狼牙修的古国，那里的人用金银购买来自宋朝的货物，包括酒、米、丝绸和瓷器等，一坛酒在市场上可以卖二两白银或者二钱黄金。如果按照一坛酒20斤计算，价格较贵的大酒在国内市值一般不到一两银子，可见当时贩酒的利润至少一倍。所以，"南海I号"中发现为数不少的罐装酒也就不足为奇了。

第 3 节

"世界货币"通有无

在跨区域的海洋贸易中需要解决的一个重要问题就是如何进行结算。不同国家使用的货币不统一，某种货币要成为结算货币，要么是这种货币具有强大的国家信用做担保，要么是这种货币本身就有被各方都认可的经济价值，比如用金银等贵金属制成的货币或者其本身等。"南海Ⅰ号"上发现的铜钱和金银制品为了解南宋时期国际贸易中的通用货币提供了丰富的实物资料。

铜钱

不是国内生产的东西都能成为海洋贸易物品，要销往海外市场必须满足几个条件。首先是贩卖的商品要符合海外市场的需要，且有相应的营销策略。相对于资源性商品，海外市场对具有技术附加值的中国商品需求量更大，比如"南海Ⅰ号"上的铁器、瓷器、漆器等。有的生产商还会投市场所好，吸纳海外物品的造型及纹饰特色，对产品进行专门设计。其次是朝廷准许流通。朝廷对于出口物品会有政策上的限制，如兵器不许出口，而"禁书、卜筮、阴阳、历算、术数、兵书、敕令、时务、边机、地里"等方面的书籍也在禁止之列。

北宋开国之初，并不禁止铜钱出口，但政府很快发现海外市场对铜钱的需求很大。一方面是因为宋钱铸造质量好，信用度高，周边国家愿意用宋钱交易。特别是在习惯兼用外国货币的南中国海—印度洋沿海地区，中国铜钱已然充当了"国际通用货币"的角色。从考古发现的宋代铜钱分布情况来看，当时东自日本，西至波斯湾，南到非洲的坦桑尼亚、肯尼亚一带都有发现。日本学者在20世纪20年代统计了该国18处遗址共出土中国铜钱超过55万枚，其中宋钱数量超过70%。印度东南部的泰米什纳德邦曾发现多个窖藏，当中都有中国铜钱，而其中宋钱占古钱总数的90%以上。《宋会要辑稿》说，"蕃夷得中国钱，分库藏储，以为镇国之宝；入蕃者非铜钱不往，而蕃货亦非铜钱不售"，以至于"钱本中国宝货，今乃与四夷共之"。外国获得宋代铜钱的途径有三，或是朝贡贸易的回赐，或是通过商业活动博买，或是直接走私。前两种方式所获铜钱数量有限且会受到朝廷的各种限制，于是走私就成了铜钱外流的最主要途径。有研究者指出，宋代时的日本、高丽、交趾三国都以铜钱为主币，如日本早在唐朝就聘请中国工匠仿照"开元通宝"制造"和同开珎"钱（图4-49），本国铜钱多以"通宝"或者"大宝"为名；高丽约在宋徽宗年间开始仿照中国铜钱铸造货币，称为"海东通宝"（图4-50）、"三韩通宝"等，然而这些国家的铜钱铸造技术粗劣且铸造数量有限，因而大量流入的宋钱在这三个国家中都是作为主要货币使用。日本对铜钱交易的需求量极大，南宋理宗淳祐年间日本镰仓幕府的大臣西园寺公经派商船到浙江沿海做生意，货物卖出后却不进货只收铜钱，一次运走了十万贯钱，这个数量相当于南宋政府一年铸钱总量的三分之二，导致台州城内一个月内都无钱可用。在以金银为主币的东南亚国家，宋钱则是作为小额交易中的辅币使用。

宋钱在海外市场需求量大的另一方面原因是海外铜价相对较高，宋

图 4-49 日本"和同开珎"钱（陕西历史博物馆藏）

图 4-50 高丽"海东通宝"钱

图 4-51 铜钱

钱被熔铸为铜块或者铜器销售，以赚取差价。《建炎以来系年要录》记载，"往岁土人入蕃之货不过瓷器、绢帛而已，今权豪冒禁，公以铜钱出海，一岁所失不知其几千万"。宋钱大量外流导致国内铜钱数量大幅减少，甚至出现"钱荒"现象。这种情况是政府不愿意看到的，于是宋朝廷制定了严厉的处罚措施，贩卖一贯钱到海外就要被流放，达到五贯钱则要判死刑，而后来更缩减到"夹带铜钱五百文随行，离岸五里"，就要按律处罚。政府官员坐视铜钱外流的也要被处罚。南宋淳熙六年（1179），在广州担任高官的郑人杰被朝廷下旨降官两级，就是因为他"任内透漏铜钱银宝过界"。宋朝廷多次重申禁止铜钱外销的政令，规定在江海中航行的船舶均不得夹带铜钱，并安排专门的官员在船舶出发前上船检查，去往海外的船舶还要在官员的监视下开去外海。虽然采取了诸多措施，海路走私铜钱和铜器的现象在两宋时期一直没能杜绝。走私铜钱的方法很多，或者直接把铜钱藏在舱底，上面装满各种货物，赌的是"监官一过其上，一望而退"；或者把铜钱偷藏海边的某地及用小船载铜钱到港外六七十里处等候，待检查人员离开后再把铜钱搬运到海船上。考古人员在"南海Ⅰ号"沉船及其周边采集了数万枚铜钱（图4-51），显然超过海商正常贸易时所应携带的数量，极有可能是船员的携带走私行为所导致的遗落。同时，"南海Ⅰ号"上的铜环有不少被放进德化窑粉盒中，这也可能是商人走私铜材时躲避检查的手段。在广东发现的"南澳Ⅰ号"明代沉船上，也有成串的铜钱出现，从分布位置看当时可能是装在陶罐中的，也可能是违规夹带的。

宋王朝一方面想尽办法阻止本国铜钱外流，另一方面则是不允许外国钱币输入，以防止出现"紊中国之法"的情况。不过在交易过程中混用铜钱的情况并不能完全杜绝，在我国的一些港口遗址和沉船中，亦有少量日本、越南铜钱出水。

金银

除铜钱外，"南海Ⅰ号"上兼具货币和商品两项功能的还有金银制品。

图 4-52
金项饰

截至目前，沉船上共发现188件金器和198件银制品，总重量超过300千克。这些金银器按照功用分为金银首饰和金银货币两类。1987年，"南海Ⅰ号"上就出水过长达1.7米的金项饰（图4-52）。后又陆续在考古试掘、整体打捞过程中发现过金戒指、鎏金龙纹镯、金缠钏（图4-53）和银锭凝结物（图4-54）等。2015年11月，负责0201号探方发掘的考古人员在探方表层淤泥下发现一个已被压扁的漆奁，其内隐隐露出的金色光泽引起了他的注意。于是这个装有金器的漆奁被整体提取到博物馆实验室中进行处理。奁内折成长方形的金箔之下

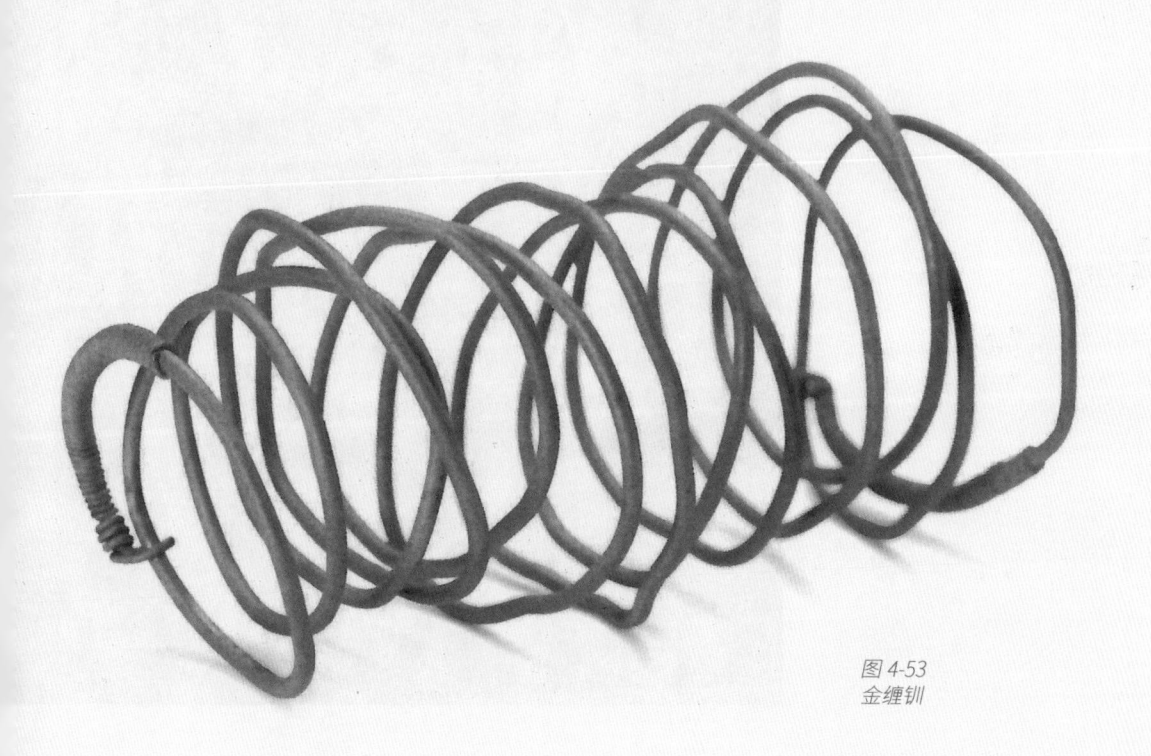

图4-53
金缠钏

196 "南海Ⅰ号"船说
——从中国水下考古看海上丝绸之路

图 4-54
银锭凝结物

图 4-55
金项链

Nanhai I Shipwreck 肆 货物篇 197

图 4-56
金戒指

图 4-57
金串饰

198 "南海Ⅰ号"船说
——从中国水下考古看海上丝绸之路

图 4-58
金耳环

是一层碎金，再下面则是包括金项链（图4-55）、金戒指（图4-56）、金串饰（图4-57）、金耳环（图4-58）等在内的42件金器。长方形金箔俗称"金叶子"，上有戳印文字，如"韩四郎"（图4-59）、"霸南街东"、"王助教"、"十分赤金"等。"韩四郎"显然是个人名，其身份应该是金银店铺的老板或金银货币成色质地的勘验者，在金叶子上戳印姓名以作信誉保证。"霸南街东"则是一个地名，指的是都城临安城中霸头以南、御街以东的区域，即当时的贤福坊，现在杭州市羊坝头附近。结合文献的记载和考古发现金银货币的戳印可知，贤福坊是临安城中金银店铺集中之地，除了韩四郎外，金三郎、姚七郎、吴一郎等金银店铺也都位于该坊中。对于"王助教"中的"助教"，有研究者认为是指宋代金银铺里的"作头"，也就是作坊主或者工匠头目。"十分赤金"或者"十分金"表示黄金的成色，现代测试数据表明有"十分赤金""十分金"铭文的金器含金量都高于95%。"南海Ⅰ号"上发现的金叶子皆为折叠成多层的长方形金箔，重量为一两，这是标准的金

图4-59
戳印"韩四郎"字样的金叶子

叶子的重量。考古发现的宋代黄金货币包括金锭、金牌、金叶子三种，其中金锭往往较重，包括从一两到五十两的不同规格；金牌也是大小不等，重量从十分之一两到一两都有；唯有金叶子重量稳定在一两。有意思的是，考古人员通过X光扫测发现"南海I号"出水的一件金叶子中有包裹物，展开后竟是一块铜片，说明当时也有奸猾之人借此行为牟利。除了黄金，"南海I号"上还出水了大量的亚腰形银锭，含银量在90%~99%不等，银锭重量符合宋代五十两、二十五两和十二两半的规格。银锭上戳印有人名（如"杭四二郎"）、地址（如"霸南街东"）、重量（如"重贰拾伍两"）和性质（如"京销银锭"）等信息（图4-60）。在"南海I号"的第10号舱中，还有两块不规则的砣状银锭凝结物，重量分别达到31.72千克和57.18千克，被装在了专门制作的竹筐中（图4-61）。由于它们个体巨大，不便于贸易支付，应该本身就是商品的一种。

　　漆奁中的金银首饰和货币显然属于同一主人所有，而"南海I号"的其他区域也曾发现一些零散金银器（图4-62，图4-63），表明船上有多

图 4-60
戳印"杭四二郎二十五两"等信息的银锭

图 4-63
花卉纹带插销金镯

图 4-61
银锭凝结物及其包装

图 4-62 金镯

图 4-64
金戒指

图 4-65
台形金饰

图 4-66 碎金

位富有商人。"南海Ⅰ号"上的金器风格多样，既有东亚地区的宋地和辽地的风格，也有东南亚、西亚甚至地中海地区的风格。金戒指上都没有镶嵌饰物（图4-64），金饰（图4-65）和项链上也有留空的镶嵌空间，显然这些首饰都是没有使用过的半成品。据文献记载，佩戴有镶嵌物的戒指是海外诸蕃的习俗。宋代《萍洲可谈》中说，来自海外国家的蕃人喜欢佩戴叫做指环子的饰物，他们会根据自己的经济状况选择金或锡质戒托，然后镶上宝石，其中最贵的是叫做"猫儿眼睛"的玉石（就是具有猫眼效应的金绿宝石）。金银和宝石都是海洋贸易的重要商品，明代万历年间的礼部尚书冯琦曾作一首名为《观灯篇》的长诗，有"五

图 4-67
衡器套装

图 4-68
铜天平底盘、铜秤盘及铜砝码

都万宝集燕台，航海梯山人贡回。白环银瓮殊方至，翡翠明珠万里来"之语。

　　"南海Ⅰ号"上还发现了大小不等的碎金（图4-66），应该是为了兑换或者小规模购买货物时使用。考古人员还在"南海Ⅰ号"上发现了一枚来自中东地区的金币，它预示着船上很可能存在与西亚、中东的国家有着生意往来的商人。为了准确称量小块金银或者贵重物品（如宝石、香料等）的重量，"南海Ⅰ号"上配备有组装天平。一个被发现于编号0501的探方中的木盒装衡器套装，其内分格放置有天平衡杆、水滴形铜摆针、铜砝码和一块卵石（可能是试金石）（图4-67）。此外，沉船中还发现了零星分布的铜天平底座、铜秤盘和12件铜砝码（图4-68），显然船上的天平不止一件。12件砝码形状和质地相同，重量从0.12克～78克不等，相当于宋代重量的3毫～2两。

第 4 节

进口的香料和药材

两宋时期从海外进口的商品在种类和数量上都有明显的增长。《宝庆四明志》中所列的货物名称超过170种，而《宋会要辑稿·职官四四》中统计的商品更是达到了400种左右。在进口的商品中，香料和药材数量最多，其次为各种宝石，以及象牙、犀牛角、木材、矿产、农副产品等，其中资源性商品超过总量的九成。此外，一些物美价廉的手工产品，如青花蕃布、吉贝布、琉璃珠等，在中国也有不错的销路。宋代的海上丝绸之路贸易和汉唐时期相比最主要的变化是贸易性质从奢侈品贸易向奢侈品和日用品并重的转变。汉代的贸易者带着黄金丝绸远赴海外，购买珍珠、玻璃器和奇石异物，奢侈品贸易性质明显。远程贸易获利的基本原则决定了贵重物品交易不可或缺，但如果货物量和商品差价足够大，普通物品同样能产生利润。10—13世纪时，造船和航海技术的进步推动了日用品和土特产进入贸易名单，特别是对于距离相对近的东北亚、东南亚地区的贸易更是如此。根据商品利润的大小和贵重程度，宋朝给进口商品规定了等级并征收不同比例的关税。贵重的货物被称为"细色",官方文件上记载的这类物品有70多种,包括珊瑚、瑇瑁、砗磲、象牙、犀角、沉香、龙脑香等;次一等的被称为"粗色",品类超过100种,主要有胡椒、檀香、花梨木、鹿角、琉璃珠等;最差的货物包括硫磺、滑石、棋盘布和普通木材、药材等,这类东西一般都是价格低、重量大且运输困难,被归类为"粗重枉费脚乘"的商品。脚乘是一个古代术语,用来表示舟车马匹等运输工具,有时又可以引申指运输费用。在所有输入商品中,最受重视并作为评估贸易价值的重要标准就是香料。担任过福建路市舶司提举的赵汝适曾说:"蕃商贸易至,舶司视香之多少为殿最"。

海外贸易,特别是香料和药材贸易能带来巨大利润。宋人罗大经的文言轶事小说《鹤林玉露》中记载了与岳飞并称"中兴四将"之一的循王张俊的故事,说他曾资助老兵五十万钱从事海洋贸易,结果是老兵"逾岁而归,珠犀香药之外,且得骏马,获利几十倍",可见宋代香药(香料和药材的合称)贸易的利润回报相当丰厚。

宋代人的生活方式导致两宋对香药需求量巨大。宋元之际的文人吴自牧曾作《梦粱录》二十卷,追忆南宋都城临安的繁华,是了解南宋社会生活和市井文化的重要史料。在这部书中,作者把"烧香点茶,挂画插花"作为文人风雅生活的标配。在这个所谓"文人四艺"中排在首位的就是焚香技艺。无论读书、闲居、雅集,还是宴客之时,宋代文人都喜欢古炉焚香,在袅袅青烟与香气中,享受生活的雅致和寻求美的感受。宋元之际的陈敬撰写了《陈氏香谱》,介绍了80多种香料(其中2/3产于海外诸国)和100多个合香方,记录了宋代的用香情况和香事活动,是宋代香谱的集大成之作。文献中记载的宋代进口香料常见的有乳香、龙涎香、龙脑香、沉香、檀香、苏合香、麝香、木香、茴香等数十种。在所有香料中,以乳香和龙涎香最为重要。乳香的产地为阿拉伯半岛东南部的哈达拉毛地区和非洲的索马里,是宋朝进口香药的主项。相对于沉香、龙涎香来说,乳香产量大,价格便宜,一般百姓也能消费得起,广泛用于医药、宗教活动、日常生活。乾道三年(1167),占城国一次性入贡乳香超过10万斤。因为占城国不产乳香，又不是三佛齐国那样的乳香贸易中转站，如此巨量的入贡颇为蹊跷，市舶司还进行了专门调查，发现原来是占城国国王劫掠了停泊在占城外海避风的大食商人，把他们的船货用作自己的贡物。龙涎香则是香料中价格最贵的，《游宦纪闻》卷七载："诸香中龙涎最贵重，广州市直每两不下百千，次等亦五六十千。系蕃中禁榷之物，出大食国。"除了外蕃入贡，《宋会要辑稿》《岭外代答》等文献还有宋朝商人前往东南亚甚至西亚购买龙延香的记录。《铁围山丛谈》中介绍了大食蔷薇水（古代香水名）："贮玻璃缶中，蜡密封其外，然香犹透彻，闻数十步，洒著人衣袂，经十数日不歇也。"因蔷薇水的市场销量极好，便有奸猾商人试图伪造，时人还总结了甄别真伪之法，"以琉璃瓶试之，翻摇数四，其泡周上下者为真"（《诸蕃志·志物·蔷薇水》）。相比于唐代，宋时的药学知识更加进步，进口香料药物在医方中也明显增多。唐代孙思邈《千金方》记载的医方中很少使用进口香料药材，而宋代的药方大全——《太平圣惠方》中以香药命名之方剂多达120种，如乳香丸、沉香散等。《太平惠民合剂局方》中共载方剂788种，使用香料的方子达275个，显示进口香药已广泛用于临床，其中乳香、沉香等就是在宋代才开始入药。除此之外，香料还有食用、化妆、敬神等用途，可以说香在宋代已经成为人们生活中必不可缺的一部分。

1973年，厦门大学庄为玑教授等人去泉州湾后渚港一带考察。根据当地村民提供的线索，他们在海滩淤泥里发现了一条沉船，并从船上摸出了宋代瓷器碎片，捞出好几捆用细绳扎成的"树枝"。这些树枝很奇怪，都是0.4米长，头尾都用刀切得很整齐。这条残长24米的木船被证实是南宋古沉船，"树枝"是船上装载的降真香（图4-69）。1974年，考古队对沉船进行了发掘，从船上提取出总重量超过4000斤的沉香、降真香、檀香等香料。刚刚发现沉船时，研究者对于这艘典型的福船（福建沿海制造的一种古代远洋航行的船舶）究竟是进行本地贸易还是远洋贸易存在争论。当他们在沉船的木质船体中发现了一种只在

图4-69
泉州湾南宋古沉船出水的降真香

图4-70
朱砂

东南亚海域才有的巨铠船蛆后，确定该沉船是往返于泉州和东南亚之间进行香料药材贸易的商船。对比香料名称，我们发现泉州湾南宋古沉船上的香料都是贵重的"细色"货物。香料是消耗品，又是容易腐烂的有机质，所以历史上能够保存下来的香料实物非常少见。泉州湾南宋古沉船中发现的大量的香料实物，其中乳香经鉴定是经过炒制的索马里原乳香，而降真香则是源系豆科植物的印度黄檀。以香药为主的贸易给两宋朝廷带来了不断增长的财富，文献记载："海舶岁入象犀珠宝香药之类，皇祐中五十三万有余，治平中增十万，中兴广入二百万缗"。

"南海I号"上还采集到20公斤的朱砂（图4-70）。按照《神农本草经》的说法，朱砂具有安魂、益气、明目的功能。除入药外，古人还把朱砂当成颜料或者用来辟邪。这是一种双向贸易物品，既见于输入商品，也是外销商品。

海上丝绸之路贸易在宋代走向全面繁荣，不唯商品生产的发达与互通有无的热情，也有政策上的推动和造船、航海技术的保障。宋王朝在中国历史上首次建立了海洋贸易管理机构——市舶司，首次颁布独立的海洋贸易法——《元丰广州市舶条法》，明确了贸易物品的分级、抽税和专卖制度等，这些措施在规范贸易行为的同时，也增加了政府的财政收入、丰富了物资供给、带动了东南沿海外向型生产的发展。两宋时期，中国的造船、航海技术同样取得了巨大进步。中国帆船制造技术走向成熟，造船工场遍布沿海内陆，造船者广泛采用了多重船板、壳板鱼鳞搭接、可眠桅、舭龙骨、水密舱等先进技术；海洋地理知识不断积累，航海者掌握了天文、地文和指南针导航技术，以及借助季风、海图航行的能力。

　　贸易者扬帆四海、货通万国，是海上丝绸之路得以生生不息的基础，虽然有关他们的海上生活极少见于文献，但"南海Ⅰ号"考古恰恰为还原这段历史打开了一枚难得的"时间胶囊"。

(伍) 海贸篇

○ 重要城市

第1节

绵亘万里的海上通衢

海上丝绸之路的概念是在丝绸之路的基础上扩展产生的。丝绸之路历史悠久，绵亘万里，是东西方物质、文化、技术和思想传播的重要通路，在推动人类文明进步和交流互鉴方面起着重要作用。不过，"丝绸之路"这个名称不是从来就有的，一般认为，德国地质学家费迪南·冯·李希霍芬（Ferdinand Von Richthofen）最早使用了"丝绸之路"一词。1868年至1872年间，李希霍芬到中国进行地质、地理考察，回国后他先后出版了5卷本巨著《中国：亲身旅行的成果和以之为根据的研究》（也称《中国亲程旅行记》或《中国》）。在该书的第1卷中，李希霍芬用"丝绸之路"（seidentrassen）指古代希腊地理学家马利努斯（Marinus of Tyre）记录的通往东方赛里斯国的道路。后来，他还在德国地理学会的演讲中强调了"丝绸之路"的概念，并认为进行直接贸易的丝绸之路存在于公元前114年至公元120年。李希霍芬之后，德国历史学家阿尔伯特·赫尔曼（A. Herrmann）、法国汉学家格鲁赛（René Grousset）和李希霍芬的学生瑞典人斯文·赫定（Sven Hedin）都在丝绸之路概念的推广方面功不可没。

海上丝绸之路

相比之下,"海上丝绸之路"的概念出现要晚得多。虽然,1903年法国汉学家沙畹(Edouard Chavannes)在他的专著《西突厥史料》中指出,丝绸之路"北道出康居",而"南道为通印度诸港之海道",不过他并没有对南方的海洋通路进行深入研究。直到1967年,一位名叫三杉隆敏的日本学者才在其撰写的介绍亚洲海洋贸易的书籍《探索海上丝绸之路》中,正式提出"海上丝绸之路"的概念。之后,"海上丝绸之路"被不少外国研究者接受和使用。我国学术界使用这个概念则是在改革开放之后。1981年,朱少伟的《海上丝绸之路》一文见刊,是国内学者使用"海上丝绸之路"概念的开端。可以这样定义,海上丝绸之路,即公元前3世纪晚期至19世纪中期之间,连接太平洋西岸和印度洋北岸、西岸古代国家与地区(16世纪之后扩展至欧美地区)的海洋交流通道。沿此通道的政体和族群除了进行丝绸、陶瓷、香料、金属制品等货物的长期贸易之外,还在文化、科技、宗教和人员等方面进行频繁的交流与融合,是人类命运共同体的有机组成部分。

作为纵横两千年,绵亘上万里的海上通衢,海上丝绸之路在发展过程中也呈现出阶段性和区域性。根据不同时期发展特点的不同,海上丝绸之路可以分成三个阶段。第一阶段为公元前3世纪晚期到7世纪早期。此时陆、海丝绸之路并行发展,但地中海、西亚的古国还没有与东亚国家建立起直接的海洋贸易联系,主要通过南亚次大陆的港口进行贸易物品的中转,贸易物品包括丝绸、贵金属、玻璃器等,奢侈品贸易性质明显。第二阶段从7世纪中期到15世纪末期。此时,来自波斯湾的穆斯林商人在海上丝绸之路贸易中扮演重要角色,他们在从西亚到南亚、东南亚,以及中国东南沿海的主要港口都建立起贸易站点(在宋代,其主要表现形式为蕃坊),进行直接或者转口贸易。《岭外代答》中就记载了穆斯林商人来华的一种转口贸易方式,即"大食国之来也,以小舟运而南行,至故临国,易大舟而东行,至三佛齐国,乃复如三佛齐之入中国"。相比于前一阶段，此时贸易物品的构成变成日用品和原材料为主，对东方手工业产品和南方香料的需求构成了海洋贸易的基础和动力。第三阶段则为16世纪初期至19世纪中晚期。此时，海上丝绸之路从环中国海—印度洋海域扩展至全球范围，除中国凭借手工业制品优势和物产继续扮演关键角色外，欧美新兴资本主义国家逐渐掌握了主导地位。如果把海上丝绸之路看成一个整体进行空间分析，其发展历程中可以划出三个核心区，从东向西分别是环中国海、南亚区和西亚区。环中国海以中国为中心，连接东北亚和东南亚区域。该区受中国文化和中国贸易物品影响较大，主要贸易物品包括陶瓷器、丝绸、茶叶、金属器以及香料、木材等。南亚区以印度半岛南端和斯里兰卡一带为中心，其中印度半岛西岸跟波斯湾一带联系更密切，而印度半岛东南海岸及斯里兰卡则与东南亚、东亚有更多交流。该区代表性的输出商品包括宝石、棉布、木材和香料等。西亚区以红海—波斯湾为中心，在宗教和文化上共性强，但两者在发展上并不完全是合作，在不同时段也存在竞争关系。该区代表性的输出商品与南亚有相似性，包括宝石、玻璃器、香料、珍珠、金银制品等，同时该区原生宗教（如祆教、伊斯兰教等）也对世界其他地区产生了重大影响。

第 2 节

海丝商贸的"发动机"

960年,后周禁军统领殿前都点检赵匡胤在陈桥驿发动兵变,建立新王朝,国号宋,至1279年被蒙古军队所灭,共经历18位皇帝。1127年宋高宗迁都临安,宋朝分为北宋、南宋两个阶段。两宋时,世界形势纷繁复杂,国家、民族和宗教矛盾空前激化。前一阶段的大帝国或已覆灭(如东方的唐帝国),或已分裂(如西亚的阿拔斯帝国),或是走向衰落(如东地中海的拜占庭帝国)。在西方,伊斯兰教和基督教国家在地中海东岸一带混战,十字军开启了延续200年的东征大幕;欧洲大陆内部的罗马帝国和罗马教廷纷争不断。在东方,宋王朝与辽、金、西夏对峙;日本列岛武士崛起,从闭关锁国的平安时代转向幕府时代。在这样挑战与机遇并存的世界格局之下,位于东亚一隅的宋王朝走出了特色发展之路,创造了世界经济、文化和科技史上的奇迹。近代史学家对宋王朝的"传统"认识是"宋代对外之积弱不振,宋室内部之积贫难疗"。不可否认,宋朝的军事实力并不强大,在与北方政权的对抗中主要采取守势。不过，两宋时期的土地开发率、耕地面积和单位面积的粮食产量都大大超过盛唐。农业大发展为其他行业的进步奠定了坚实的物质基础。宋朝手工业生产能力强大，一些门类跃居世界最前列，例如瓷器产品供不应求，北方的白瓷，南方的青瓷、青白瓷都远销到从太平洋西岸直到印度洋西岸的广大地区；官营或私营的纺织业都有较大的生产规模，特别是两浙路的丝织产品，每年产量高达数百万匹；铜、铁等金属开采和冶炼规模巨大。据统计，1070年前后宋朝铁、铜产量分别有20000吨和13000吨，分别超过18世纪初期英国的冶铁量和全世界的铜产量。在科学技术方面，宋朝也是成绩斐然，被李约瑟博士定性为"人们根据中国文献对科技史的任何一个领域进行研究时，往往会发现其聚焦点总会落在宋代"。中国古代的一些重要发明，比如活字印刷术、火器制造和指南针都与宋朝密切相关。两宋时经济中心南移，特别是南宋在金的军事压力下国境线被压缩到淮河—大散关一线。迁都临安后，经济的中心和出口商品供应地也随之转移到东南沿海一带。加上外贸物品从原来的奢侈品向量大但价低的日用品及原材料转变，配合造船与航海技术的不断进步，对外贸易的重心也完全转向了海洋。与此同时，宋王朝凭借自己在手工业生产方面的全球领先地位，成功掌握了当时国际贸易的主导权。

在宋王朝立国之初，高高在上的皇帝就注意到了海洋贸易的重要性。971年6月，宋军攻克割据岭南的南汉政权都城广州后仅4个月，就在此设置了市舶司，专门管理海洋贸易和来华外国商人。受到战争影响，北宋初年海外国家和商人多持观望态度，对来中国贸易并不积极。宋太宗决定采取更加积极的外贸策略，他派遣8名宫廷内侍组织了四路商队，奔赴南海周边国家招商，这些商队携带大量金银、丝绸，并购买当地的香料、药材及贵重物品，如象牙、犀角、珍珠等。为了更好地笼络各国的统治者，商队还携带了皇帝的空白诏书，以备需时使用。应该说，宋太宗的这次招商活动效果不错。因为在这之后，宋代史书中记载外国使节前来朝贡的数量增多，政府的海洋贸易税收也在增加。宋神宗曾经对臣下说:"东南利国之大,舶商亦居其一焉。昔钱、刘窃据浙、广,内足自富,外足抗中国者,亦由笼海商得术也。卿宜创法讲求,不惟岁获厚利,兼使外蕃辐辏中国,亦壮观一事也。"

宋立国之初,朝廷对于来华朝贡的外国使节持欢迎态度,使者入境后产生的食宿、交通等费用由其途经的州县负担。当时,朝廷不仅给朝贡国的国王封官授爵,还会对贡品"估价酬值",并根据估价结果决定如何礼尚往来进行回赠。为了显示天朝的慷慨,宋朝廷往往赠给使团价值超过贡品许多的丝绸、金银、腰带、马鞍、衣服等。因为朝贡有很好接待,还有高溢价的赏赐,利润高于直接贸易,于是海外诸国纷纷组织使团前来朝贡。一些使团的朝贡贸易量极大,如《宋会要辑稿》记载,南宋绍兴二十六年(1156)十二月二十五日,三佛齐国贡"蔷薇水一百六十八斤,宾铁长剑九张,宾铁短剑六张,乳香八万一千六百八十斤,象牙八十七株共四千零六十五斤,苏合油二百七十八斤,木香一百一十七斤,丁香三十斤,血竭一百五十八斤,阿魏一百二十七斤,肉豆蔻二千六百七十四斤,胡椒一万零七百五十斤,檀香一万九千九百三十五斤,笺香三百六十四斤",按照《宋史·张运传》中乳香每斤13贯100文的价格,仅乳香一项的市值就有107万贯。同年,市舶司抽解(收税制度)及博买(政府购买制度)所得约200万贯,如按十征其一的税率计算,进口商品总额也就2000万贯左右。《宋会要辑稿》记录来宋朝朝贡的国家有26个,朝贡次数达到302场,以高丽、占城和交趾三国最多。使团来往频繁,规模庞大,成员有时还会夹带私货。更有甚者,一些海外商人也打着朝贡之名浑水摸鱼,这给宋朝廷带来了很大的财政负担。宋真宗时,广州官员提出的朝贡贸易改革方案得到批准,主要是限制朝贡规模,规定每个国家的使团可以有正使、副史、判官各1人,随行人员数量上根据国家大小有所差异,如大食、注辇、三佛齐、阇婆等重要国家不超过20人,而占城、丹流眉、渤泥等小国则不能超10人;一旦发现有商人冒充使团成员的,一律治罪。同时还规定使团只能携带贵重贡品进京,其他贡物要在市舶口岸估值后纳入当地府库，不是贡品或者朝廷回赐的物品一律要按规定缴税。

南宋初期百废待兴，军事开支巨大而国库匮乏，以宋高宗为首的统治集团看到了海洋贸易的巨大潜力，认为"市舶之利最厚，若措置得宜，所得动以百万计"。相比北宋，南宋朝廷推出了多项更加有效的海外贸易管理政策：一是更严格地限制外国来华朝贡。明令如果没有得到南宋朝廷的批准，商船不得"擅载外国入贡者"，违规者会受到流放两年外加没收财物的处罚。二是不再实行薄来厚往的回赐制度，以压缩外交开支。宋高宗建炎三年（1129），西亚的阿拔斯帝国派使者进贡宝玉珠贝等贵重物品，高宗犹豫再三，跟大臣说，"大观、宣和间，茶马之政废，川茶不以博马，惟市珠玉，故马政废缺，武备不修，致胡虏乱华，危弱之甚。今若复指数十万缗贸易无用珠玉，曷若惜财以养战士"。最终，他让大臣不得接受贡物，并适当给予使者答谢礼物。两年后，阿拔斯帝国派遣使者蒲亚里向南宋进贡象牙209根、犀角35只。广州市舶司官员评估后认为，进贡的都是重50斤以上的高品质象牙，按照规定收购价为每斤2600文，仅象牙一项就需拿出5万多贯进行博买。当地官府拿不出这么多钱，于是就向宋高宗请示。高宗命令官府收购100根象牙和25只犀角，送到京师制作笏板、腰带或者用来赏赐，剩下的贡品由官府就地售卖后还钱给使团。蒲亚里得了官府回赐钱款后兑换成600锭白银，并购买了金银、丝绸和其他货物。巨大的财物引起盗贼的觊觎，十几个不法分子持刀杀死了4名使团成员并砍伤蒲亚里，抢走所有金银货物。高宗皇帝得知后震怒，下令把负责地方安全的官员降职，并要求安抚提督司督办缉拿盗贼，限期一个月破案，否则从重问责。这个督办的案子很快告破，蒲亚里追回了财物。或许觉得宋朝的营商环境不错，蒲亚里就娶了一位当地官员的妹妹为妻，并准备在广州长期定居。高宗听说后赶紧让广州官员连南夫去劝蒲亚里归国。这不是朝廷不欢迎外国商人，而是不想看到外商因为定居而停止贸易活动，希望他们尽快回国去招揽蕃商、蕃货。三是重赏招商引资成绩突出者。1136年，已转任泉州知州的连南夫向朝廷建议："诸市舶纲首能招诱舶舟、抽解货物、累价及五万贯十万贯者，补官有差。……闽、广舶务监官抽买乳香每及一百万两，转一官。"根据海商和官员的贡献大小，授予或者提拔官职，极大地鼓励了他们的积极性。朝廷采纳连南夫建议的当年，阿拉伯商人蒲罗辛就因贩卖了价值30万两的乳香而被授予从九品的承信郎，而另一位外国纲首蔡景芳也因招揽外商来华贸易额达到98万缗而被授予了同样官职。四是善待外国商人。宋朝廷在泉州、广州等港口城市设立蕃坊。《萍洲可谈》对广州的蕃坊有细致描述："广州蕃坊，海外诸国人聚居。置蕃长一人，管勾蕃坊公事，专切招邀蕃商入贡。用蕃官为之，巾袍履笏如华人。蕃人有罪，诣广州鞫实送蕃坊行遣。"可见，宋朝在港口城市实行了蕃坊内的蕃人自治，他们的生活习惯、风俗、宗教信仰乃至法律，都得到了尊重。同时，政府还为蕃商子弟提供教育机会。北宋神宗年间，州学已允许蕃人前来学习，到徽宗朝则是"四夷向风，广州泉南请建蕃学"，专供蕃商子弟入学读书，成绩优异者还能参加科举考试，入朝为官。这些措施很快获得回报，外国商人开始积极支持广州的城市建设，官方文献中记载了外国商人捐资修城或者兴办蕃学的事迹。《广州重修天庆观记》（图5-1）的石碑上记载说，三佛齐一位权贵派亲信来广州贸易，亲信看到城里原来很有名气的天庆观年久失修，破败荒凉，就托人向国内做了汇报。那位权贵为了与地方政府搞好关系，遂捐钱重修了天庆观。

宋朝政府推行的海洋贸易措施在实行后效果明显。宋太宗太平兴国二年（977），朝廷设立香药榷易院，当年收入30万缗。20多年后的咸平年间，榷易院的收入增长至80万缗。宋徽宗统治时期，市舶收入"九年之内至一千万"。后虽经宋金战争破坏，市舶收入大幅下降，但到了宋高宗绍兴二十九年（1159），市舶收入又增长达到200万缗，为历史文献中记载的两宋市舶收入的最高纪录。日本学者桑原骘藏曾推算1159年南宋的财政总收入约为4000万～4500万缗。如此，绍兴二十九年以市舶收入约占朝廷财政总收入的5%，可见其在国家财政中的重要地位。

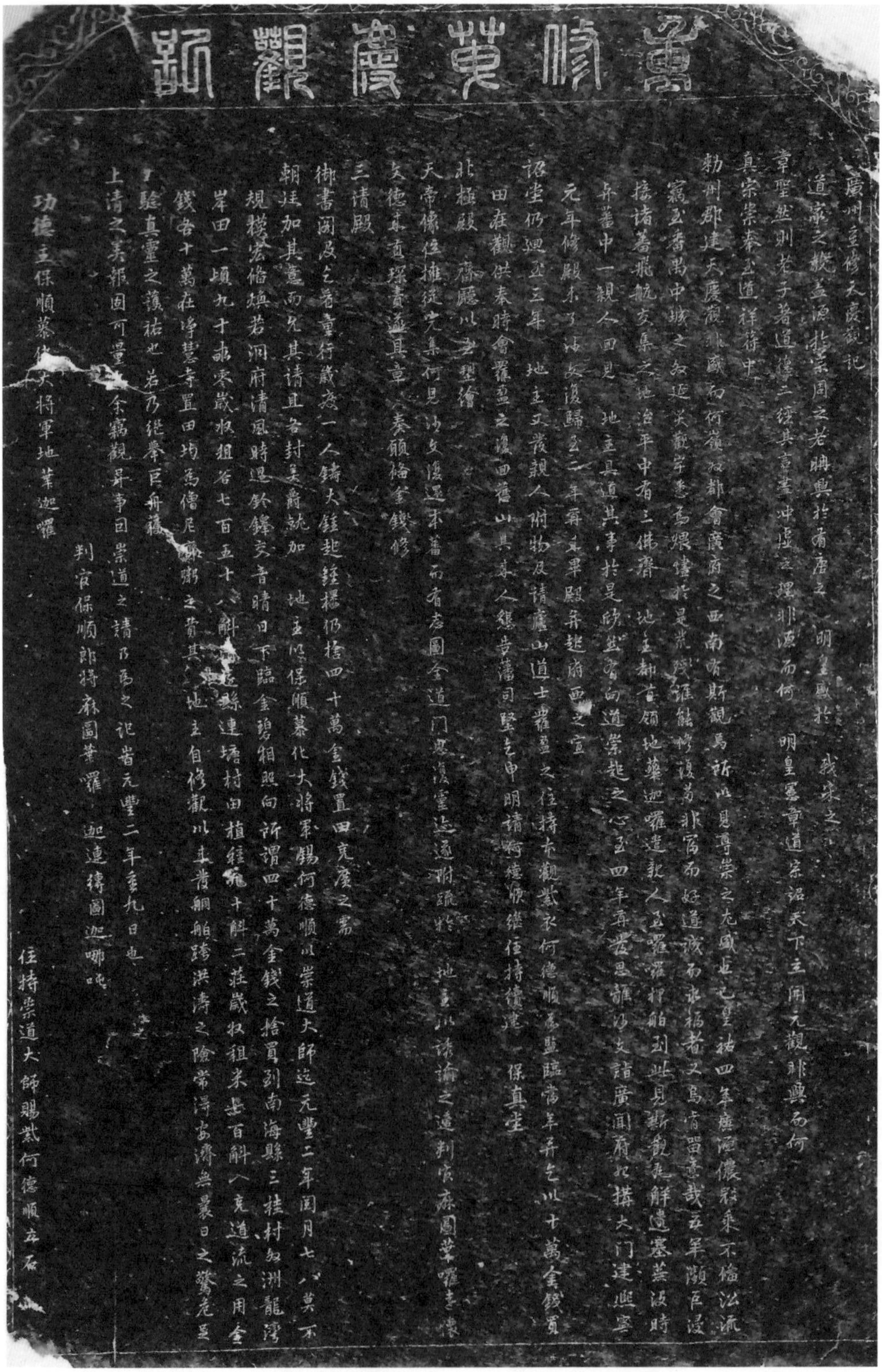

图 5-1 《广州重修天庆观记》碑拓

市舶司

在立国之初,宋朝政府已经认识到延续唐代市舶使制度无法满足海洋贸易的管理和发展需要。于是,宋朝在广州设置了中国历史上第一个专门的海洋商贸管理机构——市舶司,后来又陆续在杭州、明州、泉州、密州、秀州(今上海市松江区)、温州、江阴等处设置了市舶司或其派出机构市舶务、市舶场,并于神宗年间颁布了世界上最早的成文海商法——《元丰广州市舶条法》,作为市舶司运作和管理的规范性文件。按照《宋史》中的说法,"提举市舶司,掌蕃货、海舶、征榷、贸易之事,以来远人,通远货"。具体来说,市舶司主要有5个方面的工作:

第一项工作是管理海洋贸易货物,对入港货物进行抽解和博买。这里说的抽解是指政府征收的实物关税。中国早期关税的征收,是按照一定比例从货物中提取,先收入官方仓库然后定期送往京城,实物关税的做法直到明朝万历年间才被货币关税取代。与抽解并行的另外两项政策是博买和禁榷。前者是指政府对一些利润丰厚的进口商品进行强行收购,比如宋太宗时规定高品质货物只允许商人在市场上售卖一半,其余部分必须按照规定的价格卖给政府。一本由阿拉伯商人撰写的《中国印度见闻录》中说,政府会对到港船舶"提取十分之三的货物,把其余的十分之七交还商人。这是政府所需的物品,用最高的价格现钱购买"。这里虽然描写的是唐朝之事,但是无论是唐朝还是宋朝,政府进行博买时给出的购买价应该都不低于市场价。禁榷是国家专卖制度,盐、茶、酒曲、乳香等都只能由设置在都城的榷易院出售,民间不得私自贸易。政府把征收到的贵重物品摊派到各地进行销售并规定了卖完的时间,地方官员如果不能按时完成销售任务,就会受到笞刑处罚。《建炎以来朝野杂记》中记载了一件发生在郴州的事,朝廷让地方官员负责出售乳香,因为这里是湖湘一带最贫困的地方,老百姓没什么钱购买这类奢侈品。经常完不成任务的当地官员黄谷、李金常常因此受到鞭笞之刑。两人不堪忍受,遂纠集少数民族作乱,给当地社会造成很大的破坏。记录此事的官员还感叹说：“盖利之所在，害亦从生，此可为理财者之戒”。

　　两宋的不同时期，政府对于进口商品的抽解比例并不完全相同。而且，政府还把300多种货物进行了等级区分，并按不同税率征税。抽解大体是征收货物的1/10，但不同货物又有区别，比如说"细色"中重量超过3斤的象牙关税是20%，并由政府博买40%；珍珠要交10%的关税，政府博买60%；"粗重枉费脚乘"的货物很多时候并不收税。因此，商人会想办法偷税漏税，他们会把象牙切割成不超过3斤的小块，或者只贩运低关税甚至零关税的粗色杂物等。有时候外国政府也会来交涉税收额度。南宋绍兴年间，广州市舶司对"细色"征收40%的高关税，外国商人认为税收太高而纷纷投诉，但市舶司官员对此置之不理。后来，蕃商说动三佛齐国王写信向宋高宗投诉抽解比例过高，使"近年商贩乳香颇有亏损"。宋高宗委派官员调查后，下令降低税率并处罚了广州市舶司的官员。

　　第二项工作是给中国商船发放出境许可证——公凭。公凭上写明船货、人员、船上物品以及市舶贸易相关规定，是政府发给海商的证明文件。

　　第三项工作是查验出入港的商船及船货。对于入港商船，市舶司会委派专门的官员登船检查，详细记录货物的种类和数量，作为征税的依据；对照公凭的记录，检查返程的本国商船的人员、物品情况；对于出港商船，主要是检查是否存在走私违禁品或者公凭记录以外的人和货。

　　第四项工作是接待外国朝贡使团和前来贸易的蕃商。外国使团和商人到达指定的城市后，要停泊在港中等候检查，这时，舌人（即翻译）会陪同外蕃纲首前往市舶司，办理相关手续；对于来华的蕃商和船员，市舶司和当地官员会在外国商人居住的怀远驿举办欢迎和送别宴会。有研究者认为，广州市舶司官员于每年正月举办盛宴为商人饯行，宴会地点设在城南能够"极目千里，为登览之胜"的海山楼上，而应邀者上自"蕃汉纲首"，下至"作头、梢工"，不分贵贱，一场宴会"用钱三百贯文"。各市舶司所在城市为了争取外国商人前来，都很重视类似宴会，往往能竭力做到气氛融洽，宾主尽欢。

第五项工作是为海洋贸易和航行举办祈风活动。

市舶司的设置让两宋时期的海洋贸易管理更加规范，也推动了宋王朝与海外国家的互利往来。据《诸蕃志》记载，与宋朝保持经贸往来的国家有57个。在东北亚地区，宋朝的主要贸易对象是高丽和日本。高丽是派遣使团前来朝贡次数最多的国家，而宋朝官员也多次到访高丽。两国的密切往来一方面是经济上互通有无的需要，另一方面也是维护两国同盟，共抗北方外敌的需要。相比宋、高丽关系，宋、日本之间的官方联系就薄弱了很多。最开始时，日本实行闭关锁国政策，拒绝与宋朝往来，即使宋朝皇帝写去态度友好的书信，日本方面也是商量了几年才给出简单答复。不过，随着走私的扩大和日本武士集团的崛起，日本地方政权和强豪要求加强与宋朝贸易的呼声逐渐强烈，民间贸易得以放松。中国商人从明州、泉州等港口出发，可以到达九州岛西北部的博多港，或者本州岛靠近平安京的港口。中国商人用瓷器、金属制品和铜钱等换购日本的金银、手工制品和硫磺等货物逐渐盛行。欧阳修曾经写过"宝刀近出日本国，越贾得之沧海东"的诗句，不仅反映了日本刀非常出名，也说明了中、日海洋贸易的蓬勃发展。

开辟新航线

元代旅行家汪大渊年轻时跟随商船周游了印度洋沿岸的很多国家。他在回国后撰写了《岛夷志略》，提到曾在印度半岛东南海岸一带见到过高达数丈的砖塔，上面用汉字写着"咸淳三年八月毕工"。咸淳是南宋度宗赵禥的年号，咸淳三年也就是1267年。汪大渊记载的航线与两宋时期的多种文献都提到的从泉州或者广州出发，途经当时称为交洋的泰国湾一带，可以到达控制马六甲海峡两岸区域的商业国家三佛齐，继续向西行驶可到位于现在印度半岛西南部的故临国和附近斯里兰卡岛的航线相吻合。中国商船驶离南亚港口后，既可以北上波斯湾，也可以选择横跨印度洋驶向北非和东非。宋代航海和造船技术的进步，不仅使原有航线向更远处延伸，也开拓出一些新的海上贸易路线，比如经菲律宾群岛驶向爪哇岛的航线。

　　宋王朝对海洋贸易持支持态度，立国之初就成立了专门管理海洋贸易和来华外国商人的机构——市舶司，颁布了海洋贸易法——《元丰广州市舶条法》。两宋均重视招商引资工作，对外国商人予以充分尊重。宋王朝手工业生产能力强大，为海洋贸易持续提供商货供给，且不断开辟新航线，扩大海洋商贸的朋友圈。宋王朝俨然成为当时世界海丝商贸的"发动机"。当然，海洋贸易所得的经济利润，也成为政府财政和沿海居民经济收入的重要组成部分。

第3节

造船与航海技术大发展

高收益往往也会伴随高风险，要想安全完成一趟贸易，先进的船舶、高超的航海技术和知识是保障海上航行安全的基本条件。

古代船舶与造船技术

中国先民很早就发明船舶并熟练掌握了航海技术。浙江省杭州市萧山区跨湖桥遗址出土的独木舟是目前世界上所知最早的船舶之一，距今有8000多年的历史（图5-2）。约6000年前，生活在我国东南沿海一带的居民，从台湾、福建、广东出发，用了大约2000年的时间，通过菲律宾诸岛到达苏门答腊和爪哇，然后继续向东、西两个方向扩散。在东方的太平洋，距今约3600年的新几内亚岛、俾斯麦群岛上形成了受东亚、东南亚史前文化影响的拉皮塔文化，并在公元900年前后到达复活节岛、夏威夷。在西方的印度洋，海洋族群则登上了毛里求斯和马达加斯加岛。考古学家曾通过对比分布在中国东南沿海、东南亚诸岛和西

图 5-2
跨湖桥遗址出土的独木舟

太平洋群岛上的有段石锛，以及分布更加广泛的树皮布拍的形态特征及年代早晚，提出两者最早都是出现在中国东南沿海并向外传播的。语言学、体质人类学等方面的证据也都表明，分布在太平洋、印度洋诸岛上的海洋居民有着共同的祖先，学术界称之为"南岛语族"。2014年，德国马克斯·普朗克（Max Planck）进化人类学研究所的团队根据对台湾海峡中亮岛人DNA的研究，确认南岛语族基因的来源地为福建沿海。2020年，中国科学院古脊椎动物与古人类研究所的专家通过分析福建奇和洞、昙石山和溪头遗址的史前人类DNA，证明福建沿海新石器时代居民是生活在西太平洋岛屿的南岛语族的祖先。

即使在冰期或者间冰期的低海平面时期，岛屿之间的距离比现在要近一些，但是想要长时间，且更自由、安全地在岛屿之间穿行，仍然需要拥有航行工具和航海知识。根据民族志材料，可以推测早期人类利用自然物，比如绑在身上的葫芦、充气后的动物皮囊等帮助浮渡水面。因为简便易行，这些方法直到现代仍在一些地方使用，如我国黄河上游的羊皮筏、西南地区的葫芦腰舟等。我国古代史书中，对于舟船什么时候出现以及如何发明的问题有些模糊记载，大体上是说古人受到水面上漂浮的落叶或者中空朽木的启发而发明。至于谁发明的舟船这个问题的答案更是五花八门，有人说"燧人氏以匏济水，伏羲氏始乘桴"。匏就是葫芦，桴则是一种小筏子。我国古籍中记载的舟船发明人共有七八种不同说法，如果找一个共同点，那就是这些人都生活在传说中的三皇五帝时期。这种现象并不难理解，当古人不清楚一些重要物件是谁发明时，惯用套路将发明之功赋予传说中的某些先贤，比如三皇之一的燧人氏发明用火、神农氏教人农业和制作陶器，伏羲氏推广了渔猎畜牧，而《墨子·非儒》中提到"古者羿作弓，杼作甲，奚仲作车"，等等。

全世界范围内，目前所知最早的古船实物都在距今8000年前后，共有4例，分别发现在欧洲的荷兰北部、法国的塞纳河畔、非洲尼日利亚约伯河岸和我国的浙江省。虽然这些古船都是独木舟，但并不能说独木舟是人类早期船舶的唯一形态。有学者推测树皮舟和兽皮舟也应该很早就有了，只不过这两种材质制作的小船相比独木舟不容易保存下来。舟船配备了划船工具才能正常航行，在我国浙江省杭州市萧山区的跨湖桥遗址、宁波市井头山遗址以及更晚的余姚河姆渡遗址中，考古人员都发现了制作精美的木桨（图5-3），年代为距今6000～8000年。那时，我国还处于新石器时代早中期，人们在生产和生活中使用石质或者木质等简陋工具剖开巨大的树干、挖出空腔制作成独木舟，并不是一件容易的事。于是，古人先用火灼烧树干上需要加工的地方，然后用石器刮掉烧成木炭的部分，一点点地扩大树干中的空间，最后对树干的内外壁进行抛光，完成独木舟的制作。跨湖桥遗址的独木舟残长5.6米，发现时位于5米深的淤泥层之下。独木舟的内壁有多处火烧的焦煳痕迹。根据独木舟形态、船底厚度和船舱深浅，判断它应该是在靠近岸边的浅水环境中使用的。通过独木舟表面的使用痕迹，以及散落在它周围的木料、加工工具、木桨毛坯和固定小船的桩木，推断当时人们正准备对这艘小船进行维修。不知道什么原因，几千年前的那次修船任务并没有完成，而是把修船现场留给了几千年后的考古学家。

随着我国先民造船经验的积累和设计水平的提高，我国古代的造船技术和航行能力也快速提升。最迟在商代晚期，中原地区的人们已经掌握了木板船的建造技术。甲骨文里的"舟""般"等字，结构上就是用多块木板纵横拼合而成的船舶形象，而且这时的船舶很可能已具有了隔舱或船肋骨等复合型结构。西周时能造出很大的船舶，《诗经·大雅·大明》记录了周文王在渭河迎亲的场景，"迎亲于渭，

图5-3
宁波市井头山遗址出土的木桨

造舟为梁，丕显其光"。此时，社会身份不同的人使用的舟船等级不同，从天子的"造舟"到士人的"特舟"、庶人的"泭（小木筏）"，不一而足。周朝还专门设置了船舶检验和管理的官职——舟牧。《礼记·月令》中的"命舟牧覆舟，五覆五反，乃告舟备具于天子焉。天子始乘舟"，讲的就是舟牧在周王乘舟前对船舶进行质量检查。春秋战国时期，黄河和长江流域主要国家的造船技术有了长足进步，船舶类型更加多样，结构也更加复杂，比如《吴越春秋》记载的吴国战船按功能分为大翼、中翼、小翼、楼船、突冒、桥船等不同类型。20世纪30年代和60年代，河南汲县、四川成都发现过刻画了水陆攻战图像的战国青铜器，铜器纹饰上的战船结构已经相当复杂（图5-4）。船舶内部空间被甲板分成上下两层，位于甲板之上的人们负责指挥和作战，而处在甲板之下空间的人则负责操纵船舶航行，两层空间相互独立，功能各不干扰。当时的船员是面向船舶前进方向划船的，这与西方船舶多采用的背向前进方向的划船传统完全不同。在同时期的百越地区，比如浙江、广东和广西一带，青铜器上也有头戴羽冠的人们驾驶体形狭长的船舶航行或者作战的图案（图5-5），说明当时滨水而居的先民都普遍掌握了造船和航行技术。

到了两宋时期，我国造船技术进步到无与伦比的高度，在世界上居于领先水平。不仅沿海的临安、明州、温州、福州、泉州、广州等地都是著名的造船基地，内陆江河及运河沿岸的吉州、衡州、楚州等地也有生产能力强大的造船工厂（图5-6）。当时的官方和民间都可以造船，不过两者所生产的船舶类型有明显区别，官营作坊主要制造战船以及沿运河、近海运送粮食的漕船，而民营作坊则生产货船、客船或者渔船。与隋唐时相比，宋代造船表现出一些新的特点：一是造船能力大幅提升。宋代造船数量庞大，北宋真宗时仅漕运船一项，每年官方船厂就能生产2900艘，位于内陆的吉州（今江西省吉安市）也有每年制造1300艘船的业绩。南宋后期时，浙江明州、台州和温州三地的民间海船数量达到了20000艘，可见当时造船能力之强。二是船舶的专业化程度更高。宋代文献中记载的不同船舶名称有数十种之多。在经历了长期的客货混装之后，宋代出现了专门载人的客舟，还发明了车轮战船和适合不同水域作战、航行的船舶。两宋之交，车船被用于水战，这是一种依靠人力踩踏带动船侧木轮桨转动，从而推动船只行驶的新型战船，在宋金战争中取得辉煌战绩。1161年，金主完颜亮率领60万军队攻打南宋，战线很快推进到长江北岸的和州，与驻守长江南岸采石的宋军遥遥相对。此时，宋军只有1.8万人，而且主将王权因屡屡避战被罢官，接替的将领李显忠还没到任，军中人心惶惶。代表朝廷来采石慰问军队的中书舍人虞允文发现形势危急，挺身而出，鼓舞士气，并在水战中使用灵活先进的车船冲击金军，致其溃败，成为我国战争史上以少胜多的著名战例，也让人心浮动的南宋得到喘息之机。三是船舶的载重规模增加。南宋吴自牧的《梦粱录》中记载："海商之舰，大小不等。大者五千

图 5-4
青铜壶上的水陆攻战纹图案

图 5-5
南越王墓出土的铜提桶上带有头戴羽冠的人们驾驶体形狭长的船舶航行的图案

料,可载五六百人。中等二千料至一千料,亦可载二三百人。余者谓之钻风,大小八橹或六橹,每船可载百余人。""料"是从内河粮运发展来的概念,是宋代船只载重量的常用计量单位,它和一斛、一石相当,大约是现在的60千克。这样算来,5000料的大型船能载300吨左右的货物,而中等的2000料商船能装货120吨。至于载人数量,宋代徐兢《宣和奉使高丽图经》中说,当时的客舟"每舟篙师水手,可六十人",即中型海船配备的船员数量在60人左右,这与《李充公凭》中记录的船员规模相当。如果对比考古发现与吴自牧所说的海船规模,"南海I号"和泉州湾南宋古沉船都属于中型船,而宁波和义路南宋沉船则属于小型船(图5-7)。宋代能够制造出的最大船舶叫做"神舟",北宋神宗和徽宗年间两次建造,都是为了出使高丽而在明州特别定制的,而且还起了非常气派的名字,其中一艘叫做"鼎新利涉怀远康济神舟",另一艘

图 5-6
宋代造船场地示意图
(据席龙飞等《中国科学技术史(交通卷)》)

叫做"循流安逸通济神舟"。因为"神舟"是代表王朝形象的国家工程，规模上比当时体长10丈的客舟还要大3倍，曾经出使高丽国的徐兢笔下的神舟形象是"巍如山岳，浮动波上，锦帆鹢首，屈服蛟螭，所以晖赫皇华，震慑夷狄，超冠今古"。神舟到达高丽后，不出意外地引起了轰动，书中记载当时高丽国都城居民"倾国耸观而欢呼嘉叹也"。四是广泛运用了一些先进的造船技术。唐代发明的水密舱技术在宋代普遍使用，而欧洲的船舶直到18世纪才采用这种技术。在船板连接部位，使用了榫卯和铁钉相结合的方式，让船体更加坚固。与此同时，航行在印度洋一带的阿拉伯海船，仍然和以前一样流行用植物纤维绳索连接船板的缝合船，甚至生活在13世纪末的马可·波罗（Marco Polo）还在波斯湾看到用椰索捆扎连接、用鱼脂油加絮捻缝的缝合船。这些船舶的个体都不大，没有水密舱结构。宋代海船的鱼鳞搭接的多重船壳结构也是了不起的实用技术。目前，我国发现的宋代沉船多数都是由3~4层木板组成船壳板（图5-8），"华光礁I号"宋代沉船甚至有多达5层的船壳板。这种结构能增强船只的抗撞击能力并能有效防止船体的变形。考古

图 5-7
宁波和义路南宋沉船

图5-8 "南海Ⅰ号"的3层船壳板　　　　图5-9 "南海Ⅰ号"的桅杆夹图

发现的宋代船舶上还配置了减摇龙骨、平衡舵,并使用了"V"形尖底结构和桐油石灰捻缝的船体密封技术,大幅提高了海船航行的稳定性、驾驶的灵活性和船体的安全性。宋代船舶普遍使用了可眠桅技术,当不需要使用风帆时或者船舶进入内河需穿越桥梁时,可以把桅杆放倒,这在当时是一种相当先进的设计。《梦溪笔谈》记载了一个故事:"嘉祐中,苏州昆山县海上,有一船桅折,风飘抵岸。船中有三十余人,衣冠如唐人,系红鞓角带,短皂布衫。……盖东夷之臣属高丽者。船中有诸谷,唯麻子大如莲的,苏人种之,初岁亦如莲的,次年渐小。数年后只如中国麻子。时赞善大夫韩正彦知昆山县事,召其人,犒以酒食。……正彦使人为其治桅,桅旧植船木上,不可动,工人为之造转轴,教其起倒之法。"这一记载说明相当于北宋仁宗年间,高丽船舶的桅杆还是固定的,中国的可眠桅技术独树一帜。"南海Ⅰ号"的主桅两边有桅杆夹,也是可眠桅的结构(图5-9)。同时,"南海Ⅰ号"的艉舵舵孔直径约0.38米,向内倾斜75度(图5-10),是典型的升降舵结构,可以根据不同的水深调节舵的高度。

"南海Ⅰ号"保留下来的部分上甲板,让人知晓了当时的船甲板并非水平,而是中间略高并向两侧船舷略微倾斜,这就让海水或雨水能够快速汇集到船舷并通过排水孔流到船外,保证了甲板不积水,增加了船

图 5-10 "南海Ⅰ号"的艉舵舵孔

舶安全性。宋代海船的建造和结构设计，使其性能与安全优于世界上其他地区的船舶。现在发现的两宋时期船舶数量很少，且多数保存情况较差，"南海Ⅰ号"的出水为认识当时的船舶提供了很好的样本。对于考古学家来说，沉船本体才是他们心中认定的最有价值的文物。两宋时，我国古代的传统三大船型——福船、广船和沙船的雏形已经形成。分析船体数据和造船技术，泉州湾南宋古沉船、"华光礁Ⅰ号"宋代沉船都是在福建中南部一带建造出来的，具有共同的特征：复原长度都是30米左右，形体高大、吃水深，都是尖头宽尾尖底两头翘起的模样，这类船舶被称为"福船"。船壳由多层船板组成，龙骨结合处有保寿孔，中间用铜镜、钱币排列成"七星伴月"形，也是典型的福船建造传统。虽然到明清时期，广船才发展成熟，但唐宋的海鹘战船和木兰船早已为广船的技术发展奠定了基础。广船有使用铁力木作为船材的传统，非常坚固结实，典型的广船具有开孔舵和下窄上宽形如鸟翼的巨大船帆。沙船是一种适应北方内河和近海航行的船舶种类，形状是方头方尾，体形狭长，多桅多帆。因为这种船是平底的，适合在浅水中航行，江南地区生产的稻米、丝绸和瓷器等基本都是用沙船运往北方的。

海洋导航技术

制造精巧和坚固的海船是跨越海洋的基础，要安全、顺利抵达目的地，还要熟练掌握海上航路和导航技术。宋代时不像现在，航海时没有GPS导航设备，除大规模使用的指南针外，航海者还依赖地文和天文两类方式导航。早期人类远海航行能力有限，多数会选择沿着海岸线行驶的做法。这样，船舶距离海岸不远，可以通过辨别岸上的地形地物来确定位置，亦可在危险发生时及时驶向陆地避险。另外，海洋中的岛屿、水流和海水颜色也能为判断船只方位提供参考。这些导航方法都在利用地文特征。古人在长期的生产生活中发现，天上星星的位置变化是有规律的，其在天穹中的位置、与海平面的夹角能够指示方位。古代航海者把借助星星辨别位置的技术用到海洋航行之中，这就是天文导航。东晋僧人法显曾远赴古印度求取佛法十多年，他后来回到祖国，把自己的印度之行写成《佛国记》。书中记录了自己乘坐海船回国途中的观察："大海弥漫无边，不知东西，唯望日月星辰而进。"《萍洲可谈》中也提到，"舟师识地理，夜则观星，昼能观日"。这些通过观察天体位置，从而辨明方向的天文导航技术在我国古代被称为"牵星术"。古人进行牵星时，往往会借助特殊的工具，比如量天尺、牵星板等。泉州湾南宋古沉船的尾部第13号舱中，曾发现过一把结构特殊的竹尺。因为发现该尺之处是当时的船员工作舱，有研究认为这就是古文献中记载的用以测量恒星距离海平面高度的"量天尺"。

牵星术在明代发展成熟，出现了专门的工具"牵星板"和航道导航"使用指南"——过洋牵星图。不过，无论是地文导航还是天文导航，都有相似的局限性，那就是只有看得见星辰或者标志性地物时才起作用。在远离海岸、岛屿或者遇到阴雨天气时，利用自然因素进行导航的方法就会失效。要全天候实现海洋导航，必须拥有不受天气和环境影响的导航设备，我国古代四大发明之一的指南针正好解决此难题。当阴雨黑夜时，航海者完全可以依靠指南针指导航行。北宋仁宗年间，曾公亮奉朝廷之命汇编了一部40卷的兵书《武经总要》，书中记述了一种磁性指南工具—指南鱼的制作方法。首先把剪成鱼形的薄铁片用炭火烧红，然后取出蘸水淬火，进行人工磁化。使用时平放到装满水的瓷碗中，鱼头所指就是南方。稍晚，北宋大科学家沈括在他的名著《梦溪笔谈》中谈到了磁偏角现象，"方家以磁石磨针锋，则能指南，然常微偏东，不全南也，水浮多荡摇"，还提到钢针磁化法，并点评了当时使用指南针的几种方法，"指爪及碗唇上皆可为之，运转尤速，但坚滑易坠，不若缕悬为最善"，他认为最好的指南针使用方式是用丝线悬挂指针。北宋后期，指南针导航已在中国人的航海中广泛使用了。按照恩格斯在《自然辩证法》中说的"磁针从阿拉伯人传至欧洲人手中在1180年左右"，那么，欧洲人使用指南针导航比中国晚了至少半个世纪。宋代商船上有时会配备专门操作指南针和负责祭祀活动的火长，南宋吴自牧说："风雨晦冥时，惟凭针盘而行，乃火长掌之，毫厘不敢差误。""南海I号"就有一位姓蔡的火长，因为考古人员在出水瓷器上发现了墨书文字"蔡火长直"（图5-11）。两宋时期使用的是浮针式水罗盘，这种罗盘一般由水浮针和方位圆盘两部分组成，方位盘上用八天干、十二地支标注出24个方位（图5-12）。航海者根据水浮针所指的方位来校正航向。水罗盘在我国古代使用了很长时间，曾经跟随郑和下西洋的巩珍在所著《西洋蕃国志》中记载："浮针于水，指向行舟"，可知在

图 5-11
墨书"蔡火长 直"的瓷器残片

图 5-12
宋代持浮针式水罗盘立人陶俑（抚州市博物馆藏）

明代早期水罗盘仍是主要的航海导航设备。明朝嘉靖年间，水罗盘逐渐被一种新出现的支轴式旱罗盘所取代（图5-13），成为导航仪器的一次巨大进步。

除了导航罗盘，宋人还使用了多种设备和技术来辅助航海活动。例如，使用鸟羽制作的"五两"测量风向和风速；用铅块制作的测深锤测量水深以及探测水底的底质状况（图5-14）；根据航行的需要调整风帆的"使帆术"；控制船舶行驶的操舵技术；以及使用木爪石碇（图5-15）的镇浪和锚泊技术等，这些都为海洋航行和贸易交流走向繁荣奠定了坚实基础。

海洋地理知识

宋代之前，中国人已经可以初步分辨从东南亚直至东非这片广袤海域的周边国家了，但是对远近不同的地理空间并没作细致的划分，很多时候都用"南海诸国"或者"南蕃诸国"统称。到了两宋时期，频繁的航海活动不断强化中外交往，让海洋地理知识进一步拓展。《岭外代答》中把海外诸蕃国分成了以三佛齐国为中心的正南诸国和以阇婆为中心的东南诸国，占城、真腊、大秦和麻离拔等国在内的西南诸国，以及以木兰皮为中心的极西诸国等，并在蕃国之间区分出南大洋海、东大洋海、细兰海、东大食海、西大食海等不同海域，按照今天的地理区分就是东南印度洋、南中国海、孟加拉湾、阿拉伯海和地中海。元代时，文献中记载的从南中国海到东非海岸的海域则区分为大东洋、小东洋、大西洋、小西洋四个海域。北宋时，人们根据面积大小、植物生长情况对海中陆地进行细分，把能容纳很多人居住的大块陆地叫"洲"，小于"洲"但可居住的地方称"岛"，更小一些的则谓"屿"，纯岩石构成的不毛之地归为"礁"。

对海上丝绸之路产生重大影响的自然因素是季风。这是一种在太平洋西部和印度洋上大范围、周期性改变方向的自然风，由这两个海

238 "南海Ⅰ号"船说
——从中国水下考古看海上丝绸之路

图 5-13
支轴式旱罗盘

图 5-14
"南澳Ⅰ号"明代沉船的测深锤

图 5-15 木爪石碇

域的陆地和海洋在一年中冷热增幅不同而导致。在我国近海，夏季吹东南风或者西南风，冬季刮东北风或者西北风，年复一年的周期性转换。季风的规律性为风帆时代的海上航行提供了便利，很早就被海上丝绸之路的航海者们所熟知和利用。盛唐时，有个叫做阿倍仲麻吕的日本人随遣唐使来华留学，他给自己起了个中国名字，叫做晁衡。他后来担任了唐朝的秘书监一职，在长安生活了很长时间，与不少中国文人、官员都成了好朋友。唐天宝年间，晁衡乘海船回日本探亲，王维写了一首送别诗，其中有"向国唯看日，归帆但信风"之句，意思是只要向着太阳升起的地方驶去就能回到家乡，而海洋上从东向西吹拂的海风会帮助海船返回大唐，可见利用海洋风辅助航行在唐代已是常识。按照文献记载，宋朝时去日本会选择夏日或者初秋，返程多在仲秋或者晚春，就是为了更好地利用盛行于东海海域的西南季风和东北季风。而往返南方的南海诸国，则是"每遇冬汛北风发舶"，南宋爱国诗人王十朋有"北风航海南风回，远物来输商贾乐"的诗句。季风存在，会让航行更加快捷，比如从广州去往位于苏门答腊岛西北角地区，选对季风时节，只需40天便能到达。不过，宋朝和南海诸国的贸易队伍常常以年为周期来规划自己的往返行程，因为这样就能更好地利用季风，冬季风盛行时向南航行，而夏季风盛行时则向北航行。宋代古籍《岭外代答》载："中国舶商欲往大食，必自故临易小舟而往，虽以一月南风至之，然往返经二年矣。"之所以海洋贸易耗时日久，除等待合适的航行条件外，相关准备也不可或缺。漳州知州廖刚在南宋绍兴三年（1133）上奏朝廷的文书中说："平时海舟欲有所乡，必先计物货、选择水手、修葺器具，经时阅月，略无不备，然后敢动。则又必趁风信时候，冬南夏北，未尝逆施。"

古代航海者会把常年海上航行所积累的地形、地貌、海岸、岛屿及航向、路线等信息以某种形式传递下去，或者口耳相传，或者记录成文字、图像。不过这类记录都是长期经验的积累，是航运、捕鱼等生计活动的重要依仗，拥有者往往秘不示人，导致这些所谓的"舟子秘本"流传范围非常有限，能够保存至今的数量极少。北宋时，广州知府李符、凌册两人分别向朝廷进献过《海外诸域图》和《海外诸蕃地理图》，不知道海图是否为中国人绘制。海图虽然珍贵难寻，但在当时社会上也是偶有流传的。北宋晚期之后，海图流传逐渐增多，一些文人也参与到航行地图的绘制和研究中，如出使高丽的徐兢把自己出使高丽的经历和行程编成《宣和奉使高丽图经》；赵汝适在撰写《诸蕃志》时就说自己曾"阅诸蕃图"。南宋末年元军围困襄樊，攻势渐急之时，浙东学派的代表人物之一金履祥向朝廷提出了避实击虚的计策。他建议派遣重兵从海上进攻北方的燕州、蓟州，攻敌必救，并详细描绘了北上航线中途经的州县岛屿，远近距离及可能遇到的困难。由此可见，宋末元初时黄渤海一带的航行图已经比较完备并有所流传。可惜当时南宋朝廷已无心抗争，最终没有采纳他的建议。后来，元军统帅伯颜攻破临安，从南宋府库中获得了金履祥的上书以及所附地图，这些资料成为日后元朝政府发展北洋漕运的重要参考。

第 4 节

海上的生活

高效的组织管理、充足的食物配备,甚至日常生活的细致安排都是完成海洋贸易不可或缺的前提。在长达数十天甚至数月的航行中,一艘艘海船就是一个个独立的社会。船上的人们在这个"小社会"里,按照一定的组织形式,相互依存、共同生活。

船上的组织管理

1963年10月,广东韶关地区依然炎热,不过好在天气晴朗少雨。曹溪边的南华寺僧众一大早就忙碌起来,因为寺庙在前一年被确定为"广东省文物保护单位",所以僧众们决定抓紧好天气对庙内的建筑和佛像进行一次维护。南华寺在历史上非常有名,是我国的佛教名寺之一。该寺始建于南朝梁武帝天监元年(502),唐高宗时著名的禅宗六祖惠能接受五祖授予的衣钵后,为了躲避师兄神秀,悄悄返回广东,在南华寺弘扬佛法并重修庙宇,让这里成为"南宗禅法"的发源地。千年的崇拜和传承让寺庙香火鼎盛。当时的任务是重修大雄宝殿里的3尊金身佛像。大雄宝殿是南华寺的主殿，3尊佛像都有10多米高，非常巨大，分别代表的是中、东、西三方世界的释迦牟尼佛、药师佛和阿弥陀佛。在清理佛像表面装饰时，参与修缮的一位工匠偶然发现佛像背后有道缝隙。透过缝隙隐约可见佛像内部有好多尊姿态各异的木雕罗汉。闻讯而来的广东省文物保护部门专家从大佛像腹中清理出341尊木雕罗汉，加上几个月前在寺内功德堂和海会塔中发现的19尊木雕罗汉，共有360尊。木雕罗汉由楠木或者檀香木雕刻而成，每尊高度都在0.5米左右。根据基座上的铭文可知，这些木雕罗汉是北宋时雕刻的南华寺五百罗汉的一部分。文保专家在查阅寺里的记录和文人笔记时发现，这批长期在寺庙里供信众膜拜的木雕罗汉于1936年突然消失在人们的视野中。结合当时报纸中有人企图盗窃寺庙文物的报道，以及寺庙中曾发生过游客偷挖木雕罗汉基座铭文和佛堂失火事件，推测是当时正在主持南华寺重修的虚云法师把木雕罗汉藏进佛像之中的。木雕罗汉数量巨大，保存较好且形态生动，一经发现立刻引起各方重视，被确定为国家一级文物。后来，这批木雕罗汉分别被南华寺、广东省博物馆、故宫博物院收藏。木雕罗汉基座铭文的内容主要是发愿文，有的还写上了施像人的姓名、身份，如广东省博物馆收藏的一尊北宋庆历八年（1048）木雕罗汉像（图5-16）就铭刻有"庆历八年正月广州第一厢第六届，女弟子谭一娘，舍尊者一位入南华寺"等内容。木雕罗汉中有十几尊带"纲首"信息的雕像引起了文保专家的注意，其中广州纲首陈德安（图5-17）就舍造了7尊。

所谓的"纲"，是唐宋时期对成批运输货物的一种编号方式。到了宋代，纲运有多种分类，既可按照人数分，也可按货物种类分，比如著名的"花石纲"就是专门运送江浙一带花石的。纲运方式在两宋时期非常流行，陆地、河湖以及海洋运输都会采用。纲运的头领或组织者就是纲首，后来演变成指海洋贸易中的领头人，其身份均是"巨商"。闽粤一带的纲首在海洋贸易中尤其活跃，欧阳修描写福建商人，"闽商海贾，风帆浪舶，出入于江涛浩渺、烟云杳霭之间，可谓盛矣"。按《萍洲可谈》中的记载，"每舶大者数百人、小者百余人，以巨商为纲首、

图 5-16
南华寺北宋庆历八年
木雕罗汉像
（广东省博物馆藏）

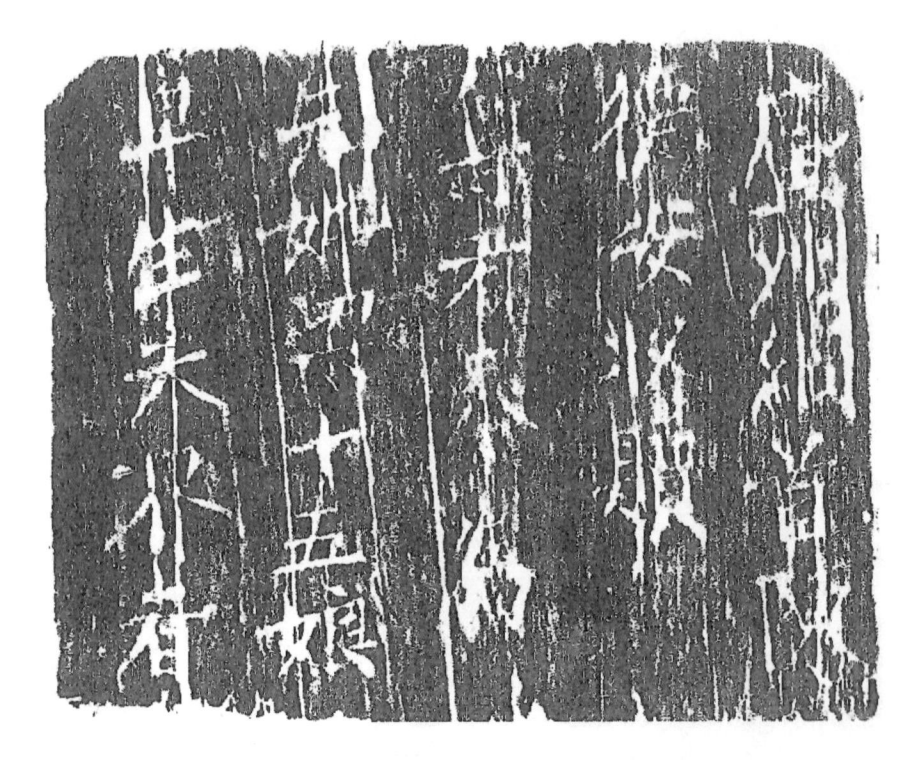

图5-17
木雕罗汉基座刻有纲首陈德安的铭文

副纲首、杂事。市舶司给朱记,许用笞治其徒,有死亡者籍其财",宋代海舶上的纲首为各管理层之首,可以使用政府授予的竹杖和朱印对船员实行处罚。此外,《宋会要辑稿》还有"蕃汉纲首""南蕃纲首"的记载,可知当时的纲首既有中国人也有外国人。对于普通的外国来华商人,文献中称为"蕃客"或者"蕃商",以示区别。

纲首们组织货物及贸易活动,让不同地区互通有无。他们或将中国的陶瓷、金属器、丝绸等运往海外,或将诸蕃的香药、宝石、各种土特产品贩来中国,让海上丝绸之路成为推动全世界政治经济交流、文化文明互鉴、和平合作、互利共赢的海洋大动脉。

成书于12世纪的日本文献《朝野群载》中记录了一份宋朝海商到日本贸易的文书——李充公凭(图5-18)。公凭,又叫公据,是政府发放的官方证明文件。按照宋朝市舶条例的规定,经营海外贸易的商人在开启航程前,必须先向本地官府提出贸易申请,呈报货物清单、船员详情与经商地点的说明,并由本州物力户(也就是当地的富有之家)3人作保，经官府核实后转送到出发港所在的州府进行复审，最后获得市舶司签发的许可证后才能出海开展贸易活动。当商人完成海外贸易归来时，需要先把公凭交回到当时签发文件的市舶司，由市舶司派人核查船上物品，按规定收税。李充是泉州著名的海商，在宋徽宗时曾先后两次到日本经商。第一次在崇宁元年（1102），交易完成后在日本住了两年才返回国内，并于归国次年再次带着货物去往日本。李充公凭就是他在崇宁四年（1105）到达日本时，向位于九州岛博多港的大宰府呈交的宋两浙路市舶司签发的证明文件。由于北宋崇宁年间的泉州没有设置市舶司，又因为李充是泉州商人，因此李充必须先向泉州官府提交申请，并请当地3位商人为其作保。泉州官府核实上述文件后，移交明州的两浙路市舶司核准并发放公凭。李充公凭是目前所知最完备的宋代海洋贸易凭证，其内容显示市舶司颁发的公凭有固定的格式，主要包括三部分：一是船员构成情况；二是船上物品情况；三是申明北宋政府的海洋贸易规定。李充的第二次日本之行有1艘船和68名船员，其本人是船上的纲首，即船上的最高管理者。凭借两浙路市舶司授予的1根竹杖，他可以代行市舶司的海船管理权，对犯错的船上人员行竹杖鞭笞的惩罚。如果有船员去世，他有权分配这名船员的财物。控制海上贸易活动的纲首，往往都是财力雄厚的巨商，他们有的自己拥有商船，有的则出资雇佣海船。因为海路漫漫，风浪、海盗等不可控因素导致贸易风险很大，一旦海船沉没或者被抢，就会落得人财俱失。为了分摊贸易成本和减少投资风险，宋朝时存在商人们合资贸易的情况，在这种情况下合资的商人会推选其中一人担任纲首。南宋秦九韶的《数书九章·卷十七·市物类》第二问是"均货推本"（图5-19）。该题的题面为："海舶赴务抽毕，除纳主家货物外，有沉香五千八十八两、胡椒一万四百三十包、象牙二百一十二合。系甲、乙、丙、丁四人合本博到。缘昨来凑本、互有假借，甲分到官供称：甲本金二百两、盐四袋钞一十道，乙本银八百两、盐三袋钞八十八道，丙本银一千六百七十两、度牒一十五道，丁本度牒五十二道、金五十八两八铢，已上共估值四十二万四千贯。甲借乙钞，乙借丙银，丙借丁度牒，丁借甲金。今合拨各借物归原主名下为率，均分上件货物。欲知金、银、袋盐、度牒元价及四人各合得香、椒、牙几何。"简单说，就是甲、乙、丙、丁4位商人合伙投资42万4千贯从海外购得沉香、胡椒、象牙，因为投入不同又有相互借款，问本利如何分配。虽然是道数学题，却反映出当时社会上的商人合伙从事海洋贸易的现象相当普遍。有的时候，大商人们不想以身犯险，就会出钱委托他人代替自己担任纲首。例如南宋洪迈的文言志怪小说《夷坚志》中就有一个"王元懋巨恶"的故事，说的是泉州人王元懋因为从事海洋贸易而发家致富，他在南宋淳熙年间雇佣吴大为纲首，带领38名船员出海经商。10年后，吴大带着获利10倍的沉香、珍珠等货物返航，行至广东惠州附近海域时，有2个水手见财起意，杀死了吴大等21人。回到泉州后，谋财害命的水手谎称遭遇了风浪，人货都损失了一半。王元懋起疑盘查，很快获悉了事件真相。然而，为了保住自己的货物不被官方罚没，他就出钱贿赂官员包庇凶手。故事的最后，凶手伏法、包庇者和受贿者得到应有的惩罚。

根据公凭的记录，李充第二次去日本经商带了3个副手，他们分别担任了船上的杂事、部领和梢工之职。杂事与纲首一样，通常是由商人担任，负责船上的日常事务管理；部领是带领船员工作的头目，职责大概和现在的"水手长"差不多；宋代的梢工与现代语义中的撑船人略有差异，是船只的驾驶人，负责掌控尾舵和指挥船只行驶。按照文献记载，宋元时期的船员配置还包括负责导航和祭祀的火长、控制船锚的碇手、负责缆绳的缆工、操控船头长桨的招头，以及作为普通船员的水手和火儿等，这些人在出海前也需要向市舶司提出申请批准。为了加强对船民的控制，宋王朝把他们的户籍另编为船户，并推行保甲制度。这个制度由"王安石变法"中推行的"保甲法"而产生，最初目的是要加强对百姓的控制以及减省军费。后来保甲制度扩大到沿海船户以及开展海洋贸易的船舶之上，南宋绍兴五年（1135）政府要求"诸路沿海州县应有海船人户，以五家为保"。从事海洋贸易的商船要持有官府发放的许可证，船员也要结甲"互保"，所谓"船请火印为记，人结伍名为保"。船员们互相监督约束，一人犯法，同伍结保之人都要"连坐"受罚。李充公凭明确了除李充和3个副手外的其余64名船员编成三甲管理。只要船员发生作奸犯科的事，不仅同甲之人要被牵连，李充、他的副手与3个保人也都要受到来自官府的惩罚。

公凭记录的李充带往日本的货物都是日常用品，种类只有布

图 5-18
李充公凭局部

图 5-19
《数学九章》影印本
"均货推本"局部

匹、丝绸和瓷器3种。其中布匹是50匹染色布；丝绸包括40匹象眼、10匹生绢和20匹白绫。象眼指的是装饰有几何形象眼纹的丝织品。绢就是平纹组织的织物，是由相隔的经纱和纬纱一上一下交织而成的产品，其纹理平实耐用，是很实用的衣料，一般分为生、熟两种，生绢是蚕丝外覆盖的丝胶尚未经过精炼脱除的织物。绫是斜纹组织的中国传统织物，它质地轻软，表面有光泽。李充带去日本交易的瓷器包括瓷碗200床，瓷碟100床。这里的"床"是海洋贸易中瓷器的计量单位。为了防止瓷器在运输过程中碰撞损坏，在进行包装时会把碗、碟、盘之类数量大且形状不太复杂的瓷器按照一定的数量分组，或用草绳，或用植物编织物，或用木板捆绑固定，并用"床"来计算总数。

船上的食物

在海洋上航行，需要有充足的食物和淡水补给。汉晋时期，中外商船多是沿着海岸航行，虽然航程会被拉长，却方便取得食物淡水补给或者及时躲避风浪。唐代时，有一种在江河中航行、个体巨大的"俞大娘航船"，据说船员们的"养生送死嫁娶"都在船上进行，而且船上还开辟出了田地，可以种植蔬菜。宋代人描述海船的巨大："舟如巨室，帆若垂天之云，柁长数尺，一舟数百人，中积一年粮，豢豕酿酒其中"。这段文字描述虽不乏夸张成分，但唐宋时期造船和驾驶水平的长足进步却是有目共睹的。宋代的航海者已经掌握了远离海岸的直航技术，不过数月的航行必须有食物和淡水的补给，完全依靠人工养殖的方式补充食物显然没有可能，因而必须储备足够的食品。

人类需要摄入蛋白质，以进食肉类为主要途径。考古学家对"南海Ⅰ号"上采集到的3100多件动物骨骼进行了鉴定（图5-20），发现最多的是脊椎动物或者节肢动物的骨骼，合占骨骼总数的99%。脊椎动物中大部分是鱼类，其次是哺乳类动物。如果有合适的工具，航行过程中完全可以捕捞到鱼类，也可以在出发前准备好腊鱼或者鱼干；哺乳动物包括猪、牛（图5-21）、羊、鸡、鹅（图5-22）等，让人意外的是，在这些动物中以羊的数量最多（图5-23），而现代中国人餐桌上常见的猪骨的数量却少得可怜。羊肉是宋人食谱中的重要食物，上自帝王贵族下到平民百姓都非常喜欢这种肉食。《东京梦华录》中讲到都城食肆中的羊肉菜肴品种丰富，有批切羊头、生软羊面、煎羊肠、乳炊羊、羊舌签、羊脂韭饼等，可见一只羊从头到脚都能入菜。据后人统计，这本书里提及了近200种肉类菜肴，其中用羊肉为主要原料的超过1/3。宋孝宗曾经多次在宫里宴请帝师胡铨，一次准备的是"鼎煮羊羔"，还有一次则是"胡椒醋羊头"和"坑羊炮饭"，孝宗一边吃还一边赞叹"坑羊甚美"。这里说的坑羊，是一种把全羊放进地炉烧烤的烹饪方法。宋代的猪一般是散养的，体形瘦小且肉味较为腥膻，苏东坡的《猪肉颂》记载："黄州好猪肉，价贱等粪土。富者不肯吃，贫者不解煮"，很好地说明了宋人不怎么待见猪肉。直到后来，人们对猪采用了圈养和阉割技术，逐渐改变了其肉质、肉味和出肉率，猪肉才慢慢成为中国人的主要肉类食材。"南海I号"上发现的哺乳动物骨骼上，不少都带有明显的切割和烧烤痕迹，说明烧烤是船上的食物加工方法之一，常见的烧烤食材有羊排、羊腿、猪排、鹅等。腌制的肉蛋制品也是航海时必备的食物，"南海I号"上曾发现腌好并装入大罐的切块带骨羊肉。同时，考古人员还发现了装在酱釉陶罐里的鸭蛋（图5-24）。

维生素是人类为维持正常生理功能而必须从食物中获取的微量有机物质。考古人员在"南海I号"沉船上提取了210份植物样本，鉴定出属于19个种属的3105粒植物种子和果实，其中绝大部分可以食用。沉船上的植物遗存可分为果类、瓜类、粮食、香料四大类（图5-25）。果类的品种和数量最多，既包括梅、槟榔、橄榄、枣、南酸枣等核果，也可见锥栗、银杏、香榧子和松子等坚果，以及荔枝及浆果类的葡萄。大家都知道，除了坚果外，其他果类能够保鲜的时间都不长，不利于远洋携带。不过，如果对核果进行腌制，例如把梅子制成话梅，把橄榄做成蜜饯，或者把槟榔和荔枝晒干成为脱水的果脯，就能够长期保存了。

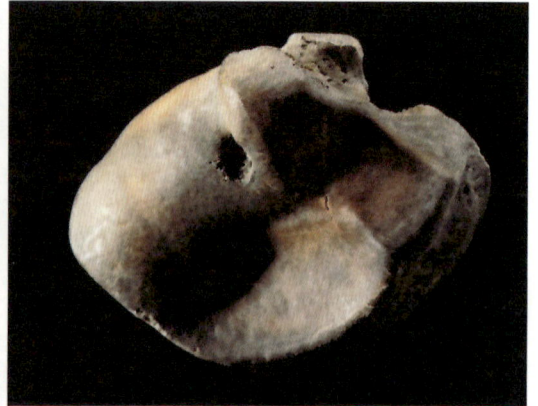

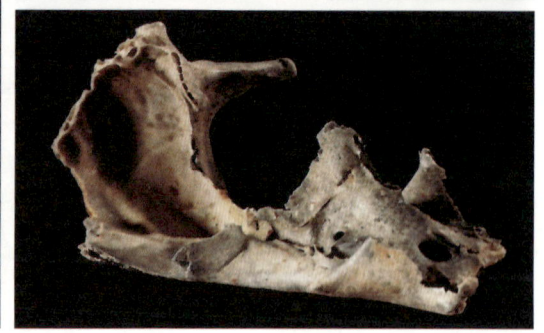

图 5-20 动物骨骼

图 5-21 有切割痕迹的牛腕骨

图 5-22 有烧烤痕迹的鹅颅骨

图 5-23 完整羊头骨

图 5-24 酱釉陶罐中的鸭蛋

"南海I号"上发现的核果恰恰又都是适合腌制或晒制的品种，显然它们都是为了航海生活而特别被挑选的。这些果类中数量最多的是锥栗和梅子，两者合占出水植物遗存总数的89%。因为这两种果类数量多而且空间分布上只集中在一两个船舱内，推测锥栗和梅子更可能是被贩运的货物。考古人员还在船舱内发现了装满腌梅子的陶罐，数量上也超过船员们的日常生活所需，进一步证明梅子的货物性质。粮食类和瓜类的植物遗存总体不多，包括水稻和冬瓜等，它们是船员的主要食物和菜肴。在"南海I号"上没有发现蔬菜，是不是船员们在海上航行时不吃蔬菜呢？答案显然是否定的。虽然蔬菜本身不容易保鲜，但同样可以腌制或者在沿途港口进行补给。不过蔬菜本身由植物纤维组成，很难保存下来，在"南海I号"出水文物中并没有发现。沉船上发现的植物遗存只留下了果核或者果壳，果肉部分皆腐烂不存。这些植物遗存中大都生长在我国的长江以南区域，又以广东、福建两地的品种最多，从侧面反映

图 5-25
植物遗存

槟榔果核	草海桐	葡萄籽	滇刺枣核	冬瓜籽
胡椒籽	荔枝核	楝树种子	梅核	南酸枣核
稻谷壳	松子	香榧子	银杏	石栗
锥栗	花椒籽	未知	枣核	橄榄核

出船员的来源或者船舶途径的主要地区。"南海I号"上发现了可以作为调味品的花椒、胡椒和石栗,其中花椒为中国原产,后两者则原产于东南亚或南亚。"南海I号"上发现的胡椒是我国迄今考古发现中年代最早的胡椒实物。胡椒有"香料之王"的美誉。根据段成式在《酉阳杂俎》一书中对胡椒的形态和味道介绍,可知不晚于唐代时胡椒已输入中国。除用作食物调料,古人认为胡椒还有药用功能,唐代《新修本草》中说胡椒能"下气,温中,去痰,除脏腑中风冷"。《太平惠民和剂局方》中与胡椒有关的医方有14种。两宋时,胡椒已是重要的进口商品,朝贡及民间贸易中,单次胡椒贸易量有时高达万斤。"南海I号"上还出水了10粒石栗种子,这是一种原产于东南亚的大戟科常绿乔木果实,种子不能生食,经过处理后可作调味料烹饪食物。考古资料显示,两宋时期商船的出发地点不同,船员们对于食物的选择也是有所差异的。南宋时,从泉州、广州两地市舶机构获准出发的中国商船,船上人员以稻米为主食,携带出发地市场上能够买到的肉类和蔬菜瓜果,以补充蛋白质和维生素。为了延缓食材的变质时间,肉类补给往往是直接饲养能够产出肉或蛋的动物,或者将肉、蛋进行腌制保存;瓜果用来佐餐或者零食,不宜长期保鲜的就腌制或者晒干保存。为了让菜肴更加可口,船上还会配备少量香料作为调味品。很有意思的是,在年代更晚的泉州湾南宋古沉船上,考古人员发现了与"南海I号"上基本相同的瓜果类食材及胡椒。

  为了解决淡水问题,宋元时期的航海者一般会在船上专辟水柜存储淡水。徐兢的《宣和奉使高丽图经》记载:"凡舟船将过洋,必设水柜,广蓄甘泉,以备食饮。盖洋中不甚忧风,而以水之有无为生死耳"。韩国海域发现的元代新安沉船上,也发现设置有专门的水柜。在船体不大,船员不多或者航程不远时,船员们也会采用大型陶瓷蓄水。"南海I号"上没有发现水柜,有专家推测在第8号舱和第9号舱中用木架固定的陶罐中或许有一部分是用来储存淡水的。

船上用品

　　船上的生活条件虽然简陋，但并不缺乏基本的生活用品。考古人员在"南海Ⅰ号"上发现了前舱公用的陶壶、木盘（图5-26）、木盆、石质的磨盘和磨棒、刀斧的木柄、残破的陶灶等生活用品。船上有数量不多的锡碗、锡杯、锡盘等，这些器物不易损坏，且价格便宜，应该是船员们日常使用的。属于个人用品的物件还包括木梳（图5-27）、骨戒指（图5-28）、木印章（图5-29）、歙砚（图5-30）、双凤朝阳带柄铜镜（图5-31）等。歙砚为朴素的长方形，砚堂较浅作杯状，有细长的墨道与荷叶状的砚池相连。船上发现一件有"湖州石十二郎……照子"等文字的铜镜，根据文字可知这面铜镜是南宋时期著名的品牌——湖州镜，由湖州制镜世家的石家制作而成。"南海Ⅰ号"上共出水10余面铜镜，它们形态各异，其中还有一面唐代的海兽葡萄镜。根据"黑石号"唐代沉船也出水数十件形态各异、年代有别的商品铜镜来看，不排除"南海Ⅰ号"上的铜镜是商品的可能性。沉船上发现了零散的个人饰物，包括透明的水晶坠饰（图5-32）、鱼形锡挂饰（5-33）、锡牌饰等。石雕观音（图5-34）、玉罗汉（图5-35）和玉人（图5-36）挂件个体不大，多为3~4厘米长，是随身佩戴的物件，表明船上人员中有佛教信徒。此外，沉船上多枚指环也具有明显的私人性质，不同于漆奁中还没有镶嵌宝石的金戒指，数量稀少的骨质指环、锡戒指、镶嵌珍珠的金指环应该是船上不同身份者所佩戴的。

图5-26 木盘

图 5-27 木梳

图 5-28 骨戒指

图 5-29 木印章

图 5-30 歙砚

图 5-31 双凤朝阳带柄铜镜

图 5-32
水晶坠饰

图 5-33 鱼形锡挂饰

图 5-34 石雕观音

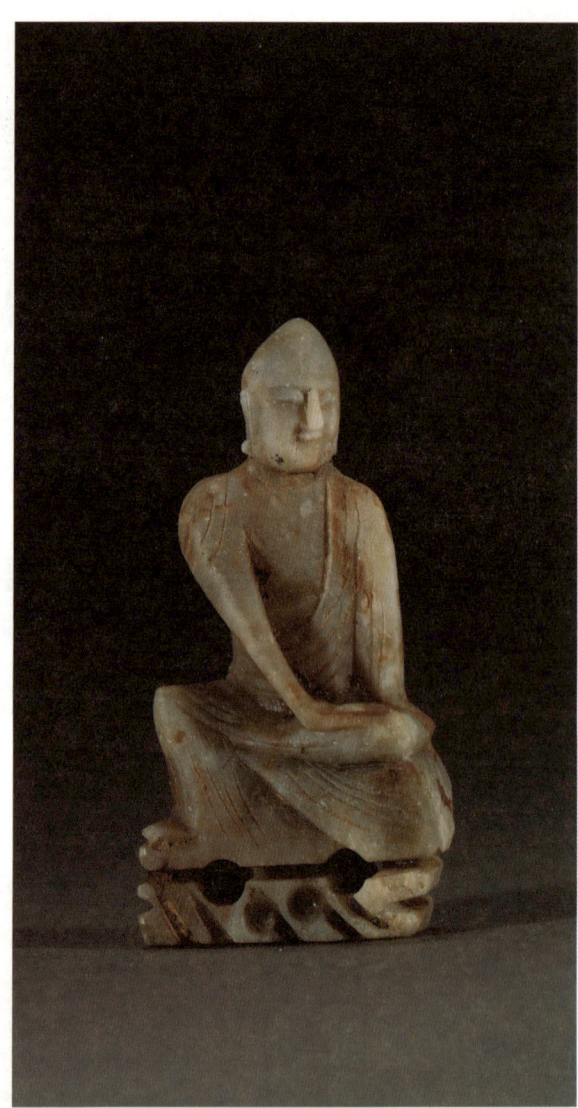

图 5-35 玉罗汉

图5-36 玉人

"南海Ⅰ号"上还发现一个夜光蝾螺制成的雕杯，将海螺对半切开后抛光，并在表面雕刻出精美的牡丹花卉图案（图5-37）。绿釉狮形盖香炉（图5-38），则可能是船上人员祭祀所用，祈求观音、通远王或者南海神保佑海上航行的平安。

旗帜、火把、锣鼓是宋代海船上用来传递信息的手段，其中旗帜的作用是标示国籍和身份，晚间联络往往使用火把，锣鼓则是警报或者发出命令。北宋宣和年间，宋徽宗派遣使团前往高丽，出发当天使团的八艘船舶"鸣金鼓，张旗帜，以次解发"，在航行过程中则是"入夜举火，八舟皆应"。海上航行风险很大，除了天气和海况之外，海盗也是巨大的威胁，东南亚海域和高丽沿海地区的海盗尤其猖獗。《萍洲可谈》有"海外多盗贼，且掠非诣其国者，如诣占城，或失路误入真腊，则尽没其舶货，缚北人卖之"的记载，所以从事海洋贸易的商船往往会结伴而行，以壮声威，如果只有一艘船，就安排专门船员加大警戒力度，一旦发现紧急情况，立刻鸣锣示警。因铜锣具有这种功能，所以在宋代也被称为防护铜锣或者防船家什。在历史上，铜锣是海船的常备之物，在宋元时期的马来西亚丹戎新邦沉船、印度尼西亚鳄鱼岛沉船、爪哇岛沉船，以及我国的"南澳Ⅰ号"明代沉船上都有铜锣发现。

图 5-37 雕花海螺杯

航海生活漫长而且枯燥，人们想出了一些娱乐方法，最主要是喝酒作乐。"南海Ⅰ号"上就装载了较多的玉液春酒。"黑石号"唐代沉船和"南澳Ⅰ号"明代沉船上曾采集到木质或骨质的骰子。下棋也是船员们较多采用的休闲方式，如泉州湾南宋古沉船上发现过象棋，元代新安沉船上有日本将棋，"南澳Ⅰ号"明代沉船上则出水过围棋等。

图 5-38 绿釉狮形盖香炉

第 5 节

破解"南海Ⅰ号"之谜

"南海Ⅰ号"发现之初,人们就一直希望考古人员能尽快解开有关沉船的诸多谜团,其中最受关注的问题包括:"南海Ⅰ号"是什么样子?它属于什么年代?装载了哪些船货?船上有些什么人?它从哪里来,要到哪里去?它是如何沉没的?随着考古工作的深入和出水文物的增多,研究者对"南海Ⅰ号"的认识也逐渐走向深入,上述问题一部分已有明确的结论,一部分的答案呼之欲出,而另外一些则仍隐匿于历史的迷雾之中,等待进一步的考古证据支撑。

船舶类型

掌握了沉船的尺寸和保存状况的信息并不能直接推断出沉船类型,除了不可能是三大船型中的沙船外,"南海Ⅰ号"在类型上属于福船和广船都是有可能的。要准确判断其类型,还需要更多的技术细节佐证。明代兵书《武备志》这样描述这两种船舶,"福船高大如楼,可容百人。其底尖,其上阔,其首昂而口长,其尾高耸,设楼三重于上,其旁皆护板……其帆桅二道,中为四层。……但吃水一丈一二尺,惟利大洋";相比之下,"广船视福船尤大,坚固亦远过之,……其制下窄上宽,状若两翼"。"南海Ⅰ号"甲板以上围蔽建筑已经不存,帆桅结构也无从知晓,虽然无法从船舶整体结构特征进行分析,但越来越多的细节显示该船应为福船。

首先是船舶的建材。考古人员对"南海Ⅰ号"的船材进行了鉴定,发现造船工匠根据船体不同部位的木材要求进行了针对性挑选,分别使用了马尾松木、福建柏、海南榄仁木等6种材料。这些木材虽然在我国的华南和东南沿海都有分布,覆盖闽粤两地,但据《武备志》中"广船乃铁力木所造,福船不过松、杉之类"的说法,用马尾松木和福建柏之类的材料造船是福船的主要特点之一。其次是船舶壳体结构。考古资料显示,"南海Ⅰ号"船壳板由3层木板组成,采用鱼鳞搭接方式,前者是指船舷不是由单层木板建造,而是由多层木板叠合在一起构成的,这能让船舶不易变形且更加坚固;后者是指一种上列船壳板位于下列船壳板外侧的建造方法。这两个结构都是福船的典型特征,已被确定为福船的泉州湾南宋古沉船和"华光礁Ⅰ号"宋代沉船都是如此。再次是造船

图 5-39
"南海Ⅰ号"的"V"形横截面

的技术细节。"南海Ⅰ号"的船头尖窄，船尾方阔，船舶的"V"形横截面结构（图5-39），以及使用桐油石灰材料来进行捻缝的技术，都是福船的工艺特点。最后是作为辅助证据的船货构成。"南海Ⅰ号"装载的陶瓷船货虽然来自华南地区的多个窑址，但产自闽南地区的陶瓷器无论在种类还是数量上都远远超过其他地区。这些船货若是从当时国内最著名的港口泉州装货出发，将能极大降低货物转运成本。

福船是我国古代远洋商贸船舶的优秀代表，具有耐波性好、安全系数高和装货量大的特点，综上，"南海Ⅰ号"属于这种类型的海船也就不足为奇了。

年代

考古学上判断古代遗存的年代有多种方法，可以根据文物上的自铭年代判断，可以通过关联物或者关联文献推定，也可以利用碳-14测年、热释光测年等科技手段测定，还可以根据遗存中年代最晚的文物判断时间上限。研究者运用了多种手段对"南海Ⅰ号"的年代进行判断。"南海Ⅰ号"发现之初，文物专家根据出水陶瓷器的种类、组合及其形态、纹饰特征，推断沉船属于宋元时期。船上植物样本和人骨的碳-14测年结果为983—1270年之间。这样的年代显然过于宽泛。于是，考古学家希望能找到更多信息判断"南海Ⅰ号"的年代。最先想到的是沉船上出水的铜钱。在已发现的15000枚铜钱中，年代最早的是两汉之间的新莽货泉（14年铸），最晚的是南宋乾道元宝（1165—1173年铸）（图5-40），由此判断"南海Ⅰ号"沉没的年代上限不可能超过南宋乾道元宝的始铸之年。2018年，考古队在一件德化窑罐底部发现墨书文字"癸卯岁次"（图5-41）。我国古代使用天干地支进行纪年，每60年一个轮回。南宋的历史上，癸卯这一年份共出

图 5-40
"乾道元宝"铜钱

图 5-41
墨书"癸卯岁次"的德化窑罐

图 5-42
戳印"淳熙十年"的陶瓷肩部

现两次，分别是1183年和1243年。据泉州城郊九日山石刻中的淳熙十年祈风石刻，以及2022年辨识出的一件"南海Ⅰ号"所出陶瓷肩部戳印的"淳熙十年"文字（图5-42），判断这里的癸卯年应该指的是宋孝宗淳熙十年，即1183年。再据文献中"舶船去以十一月、十二月，就北风，来以五月、六月，就南风"，泉州市舶司每年农历十月或者十一月举行祈风仪式的记载，以及"南海Ⅰ号"曾在广州一带停泊并购置部分货物的研究成果可知，该船的沉没年代可能为1183年末或者1184年初。

人员

与驶往日本做生意的李充一样，"南海Ⅰ号"上应该也有纲首和分工明确的船员，甚至还有一些搭乘的商人。有专家根据"南海Ⅰ号"的陶瓷器墨书文字"纲""蔡火长 直""陈工 直""柯头 甲"等推断过船上人员的身份。考古人员在"南海Ⅰ号"周围采集到数十件零碎的人类骨骼，包括10根肋骨，完整的下颌骨（图5-43）、胸椎、指骨和牙齿各1件。骨骼光滑粗壮，骨密度较大，都来自青壮年男性，没有明显属于儿童、老年或者女性的骨骼，这种情况符合海洋贸易中船员由青壮年男性构成的特征。不过，考古人员还不能确定这些骨骼是否属于同一

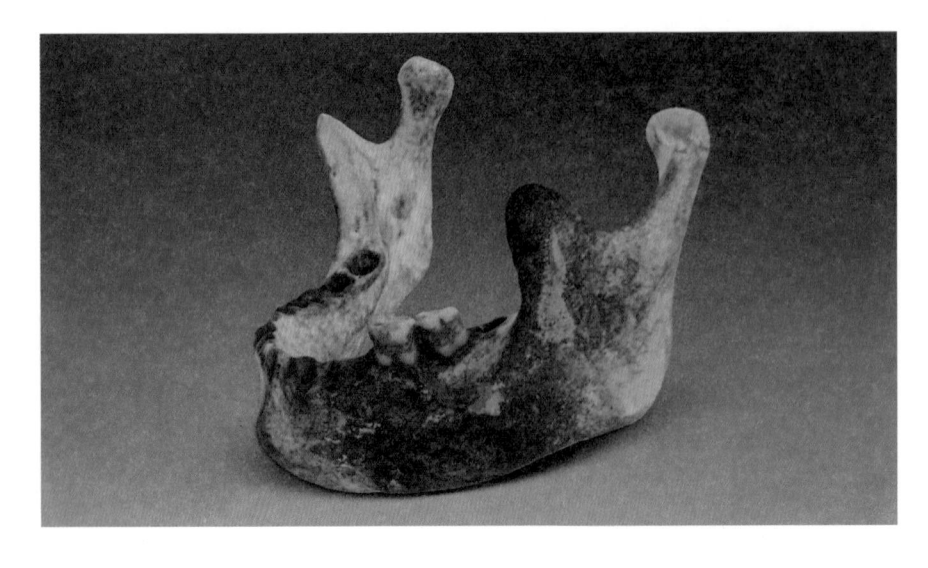

图 5-43
人类下颌骨

个体。"南海I号"上没有见到完整的人类骨骸,或许跟沉船地点距离周围礁石、岛屿不太远,海难发生时船员有机会弃船逃生有关。

在"南海I号"上,考古人员还拣选出7件写有阿拉伯语墨书的陶瓷器,可释读的内容是人名以及对真主的赞美。其中一件磁灶窑酱釉罐的底部墨书由两个单词组成,具有典型的阿拉伯语誊抄体特征,这是一种通行于阿尤布王朝时期埃及地区的阿拉伯语字体,释读为"艾布·马克里姆",明显是一个阿拉伯人名(图5-44);另一件磁灶窑黑釉罐的底部墨书由三个单词组成,释读大意为"万物皆由真主所造"(图5-45)。考古人员认为,这几件阿拉伯文墨书陶瓷器集中出现在

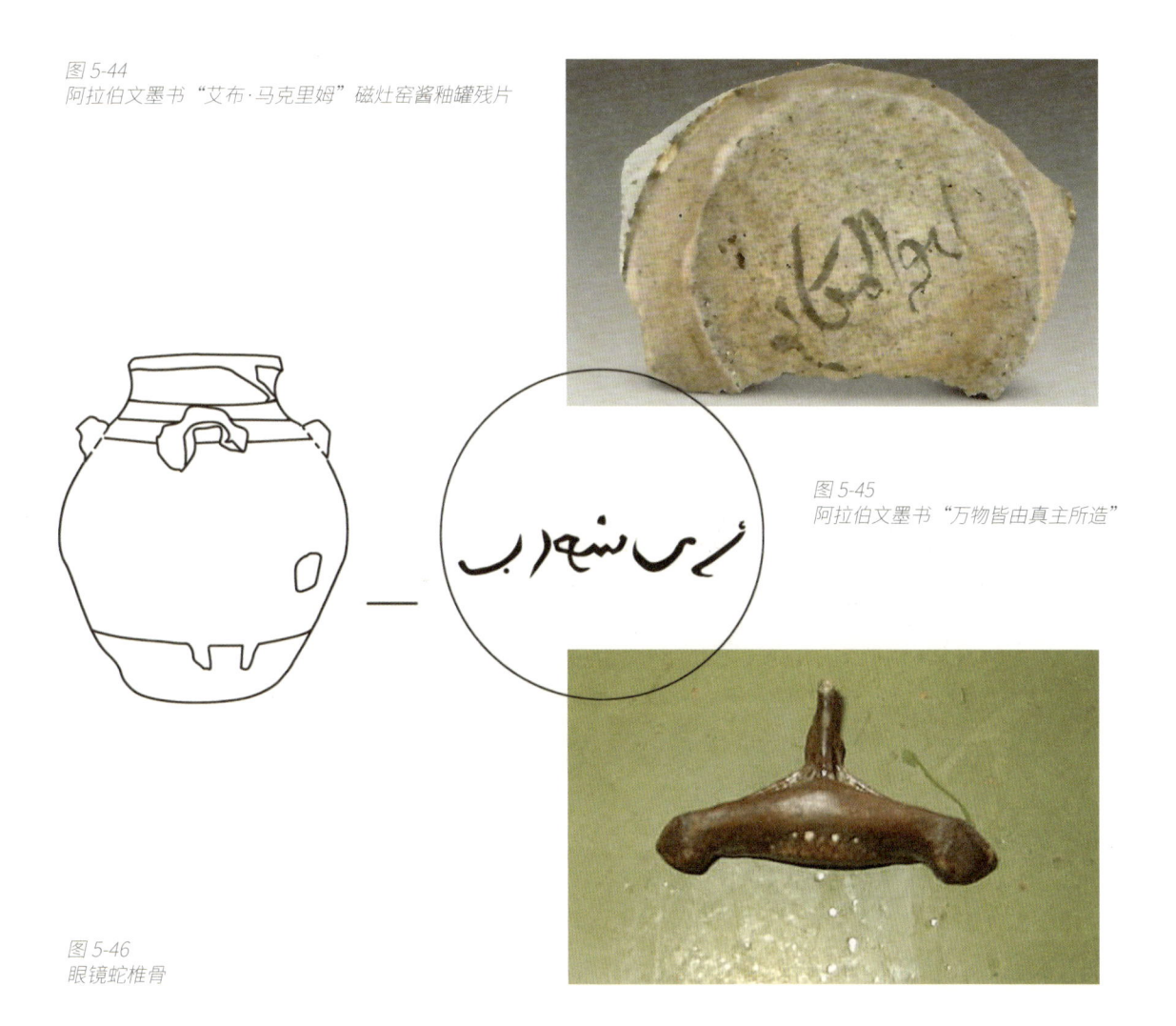

图 5-44
阿拉伯文墨书"艾布·马克里姆"磁灶窑酱釉罐残片

图 5-45
阿拉伯文墨书"万物皆由真主所造"

图 5-46
眼镜蛇椎骨

沉船艉部的船舱上部泥沙沉积层中，更可能是船上人员的日常用品。船上发现骨质、锡质指环及嵌珍珠的金指环，也与《萍州可谈》所记广州蕃人"手指皆带宝石，嵌以金锡，视其贫富，谓之指环子"的风俗相对应。在2001年的考古调查中，考古人员曾采集到眼镜蛇头骨及椎骨（图5-46），可能是船上人员豢养的蛇宠，而养蛇习俗在南亚至西亚一带也是存在的。在海洋贸易活动中，中外商船往往都允许外国人搭乘，这种传统由来已久。我国南北朝时期著名僧人法显曾去印度求取佛法，他返回祖国时搭乘的就是婆罗门商人的海船。按照宋朝的法令，也曾允许本国海商搭载外国朝贡使节和贸易商人，如苏轼《乞禁商旅过外国状》引元丰八年（1085）九月十七日敕，"诸蕃愿附船入贡或商贩者，听"。

航线

根据《岭外代答》《诸蕃志》等宋代文献，可以简单复原南宋时期经由南海的海洋贸易路线：从泉州港出甲子门（今广东汕尾一带），或从广州港出屯门（今香港一带），南下交洋、上下竺岛到达三佛齐或者阇婆。这两个国家在12世纪时都是东南亚地区的海洋贸易大国，通过中转贸易沟通西太平洋和印度洋的沿岸国家。中外海商会选择在三佛齐或者附近地区进行中转贸易，或者西行故临国（今印度半岛西南部）、注辇国（今印度半岛东南部）等，然后北上大食，并通过大食至北非和东非的古国。这段航程全长11000千米，需要航行90多天。

"南海Ⅰ号"为福船类型、船货主要是闽南地区生产的陶瓷器，所以应该是从泉州出发的。北宋中叶以后，泉州已经发展成为享誉海内外的重要港口，大量中外商人云集于此，史称"蕃舶之饶，杂货山积"。同时，泉州又是福建路市舶司所在地，去往外蕃的商人需要在这里获得公凭，并接受检查后才能出海。此时，商船可选择南海东路航线，沿菲律宾群岛航向位于马来西亚、印度尼西亚一带的古国，也可以选择经甲子门、七洲洋（今海南岛东南侧）向南航行的南海西路航线。让人疑惑的是，"南海Ⅰ号"的沉没地点在下川岛以西海域，而从泉州出发的海船无须近岸航行至这一海域，故此有专家提出"南海Ⅰ号"从广州始发才能更好地解释其航线选择。2021年，广东省文物考古研究所对佛山市南海区宋代窑址的调查为解释这一疑问提供了新证据。他们发现"南海Ⅰ号"上装载的很多酱褐釉或者酱黄釉大罐是宋代佛山奇石窑或者文头岭窑的产品，推测"南海Ⅰ号"曾在广州附近补充过货物。有人认为，由于在广州加装了酒类和大量铁器，增加了船货总重量，也改变了船舶的重心，让风浪中航行的船舶稳定性变差，从而导致"南海Ⅰ号"葬身海底。当然，也有人不认可这种说法，他们猜测可能是遭遇风暴或者触礁造成了"南海Ⅰ号"的沉没。沉船原因究竟为何，目前还没有明确的线索，谜团的解开还有待进一步的研究。

至于"南海Ⅰ号"的航行目的地，根据其沉没在南海北侧以及航线指向西南方的情况，则无论是去往爪哇岛上的阇婆、马六甲海峡附近的三佛齐、南亚沿海的故临国，甚至波斯湾的港口都有可能。如结合船货中有仿金属器的陶瓷、地中海东岸金器和写有埃及地区流行的阿拉伯文字的器物，则"南海Ⅰ号"船货的最终指向更可能是以埃及为中心的阿尤布王朝统治区域。在宋人的眼中，统治西亚和北非的大食国是非常富庶的国家和重要的贸易对象，所谓"诸蕃国之富庶多宝货者，莫如大食国，其次阇婆，其次三佛齐国，其次乃诸国耳"。南宋淳熙年间，阿尤布王朝的统治者萨拉丁鼓励发展对外贸易，同时加强了对威尼斯等意大利城市及东方国家的贸易力度，红海沿岸的爱扎布和开罗南郊的福斯塔特都是繁荣的贸易港，考古发现了大量的宋代瓷器。不过，南宋与阿尤布王朝等伊斯兰国家之间的货物流通过程究竟是直航到达还是在中途的某个港口卸货中转，目前还没有明确的证据。

尾　语

　　　　　　海上丝绸之路是人类文明的宝贵遗产，不仅各种商品沿着这条跨越千年、绵亘万里的海上通衢流动，互通有无，极大丰富了世界上不同国家、地区、民族的物质生活质量，促进了人员、文化、科技和思想的传播与融合，更为重要的是创造出了和平合作、开放包容、互学互鉴、互利共赢为核心的丝路精神。800余年前，司马伋没有等到"南海Ⅰ号"的归航，但在当下，"南海Ⅰ号"这艘宋代古沉船却成为中国乃至世界水下文化遗产中的璀璨明珠。它伴随着中国水下考古一路成长，见证了800余年前海上丝绸之路的辉煌，也展现出中国水下考古的成绩斐然和开拓创新。

　　"南海Ⅰ号"的前世，展示了不一样的宋朝。世人对于宋朝的传统认识是军事孱弱、经济繁荣、文化造极，传统文化中的儒家哲学和生活美学在那个时代被演绎得淋漓尽致。"南海Ⅰ号"这艘沉没在汪洋中的无名商船，以及船上琳琅满目的手工产品，向世人展示了两宋时期领先世界的制瓷、冶铸、漆木等手工技艺和生产规模。"南海Ⅰ号"及其他时期的沉船资料表明，中国在从秦汉到明清的漫长岁月里，一直是海上丝绸之路发展、繁荣的主要商品供应地。与中国古代王朝惯常坚持的重本抑末策略不同，宋王朝重农但不抑末，特别是以皇帝为首的官僚集团以极大地热情推动着海丝贸易，向海而生。"南海Ⅰ号"等中外沉船在世界各海域的大量发现，揭示出在"海不扬波"的美好愿望背后，也有着许多艰辛、风险与不幸的故事。可是这些困难并未阻碍世界人民经由海洋进行交流与融合。商品种类持续增加，人员往来日益频繁，海丝航线不断延伸，朋友圈逐渐扩大，友谊和合作始终是海上丝绸之路的主旋律，中国传统文化也得以更加频繁且规模化地走向世界，成为世界海洋贸易的发动机和海洋文明的重要组成部分。与此同时，中国人对于海洋贸易品的关注也从早期的奢侈品发展到后来对日用货物的强劲需求，蕃货、胡人、蕃坊甚至一度成为中国沿海重要港口的靓丽风景。来自异域的物产、文化、思想和技术也在潜移默化地改变着中国人的生活。中国人民与世界人民共同谱写出一幅海上丝绸之路的壮美画卷。

"南海I号"的今生，讲述了执着和创新的考古故事。中国水下考古事业因"南海I号"的发现而起步，因"南海I号"的考古而发展，因"南海I号"的多方位创新而为国际水下文化遗产保护贡献了经验与智慧。"南海I号"考古不走寻常路，自20世纪80年代以来，几代考古人坚持不懈，默默奉献。他们根据沉船特点和所在环境，创造性地实践了整体打捞法、环境调控保护法、湿式发掘等新技术，提出了迁移式保护和考古、保护、展示三位一体水下文化遗产保护利用新理念，不仅为世界水下考古与文化遗产保护提供了独特的交流与合作的平台，更是建设中国特色、中国风格、中国气派考古学的生动案例。

"南海I号"的未来，必将继续见证不一样的海丝传奇。文物的发掘和船体清理的完成并不是"南海I号"考古项目的结束，而是预示着出水文物和船体保护、研究工作的全新开始。随着考古资料的陆续公布，围绕"南海Ⅰ号"及其所载文物的众多谜团有可能被逐渐揭开，向世人展示的海上丝绸之路也必将更为开放、立体和生动。"南海Ⅰ号"的相关成果一定能为深化海上丝绸之路的考古学研究和推动海上丝绸之路申遗提供强劲的支撑。

21世纪海上丝绸之路是人类海洋命运共同体的重要组成部分，其所彰显的和平、合作、开放、共赢的理念得到越来越多国家的支持与参与。要让"一带一路"倡议成为增进各国人民友谊的桥梁、推动人类社会进步的动力和维护世界和平的纽带，不仅需要在当下凝聚共识、携手共建，不断深化经济、文化的交流与合作，也需要从海上丝绸之路的历史发展中总结经验和提炼人类文明的优秀基因，让中华民族与世界其他民族一起美人之美、美美与共，共同构建相互依存、休戚与共的人类命运共同体。

后 记

2019年8月，中央电视台张长虹导演来当时我工作的广东省博物馆拍摄《镇馆之宝》节目，其间聊起岭南文化和广东考古。她对我曾经主持的"南海I号"考古项目很感兴趣，便邀我参与《百家讲坛》的录制。当时，我正在办理复旦大学调任的手续，也想对自己参与10年之久的"南海I号"考古做一个阶段性总结，便答应下来。没想到在顺利完成前两集录制后，突发的新冠疫情使本应很快录完的十几集节目，一直持续到2022年上半年才完成，并在当年9月1日开播的《百家讲坛》之"考古手记2"系列中播出。因为电视节目时长的限制，当时准备的部分内容未能充分展开，虽然节目播出后的效果还不错，但总觉得留下了一些遗憾。此番得广东教育出版社关于"南海I号"考古选题约稿，遂将考古手记的文稿重新整理，增补大量文献内容，分章列节以图文并茂的形式出版，让更多人能了解"南海I号"精彩的前世今生，了解中国水下考古的重要成果，实在是一件让人倍感开心的事。

与水下考古以及"南海I号"的结缘实属偶然。2002年夏，在北京大学完成了11年的考古专业学习后，我选择到广东省文物考古研究所工作。广东拥有全国各省中最长的大陆海岸线，历史上又是海上丝绸之路重要的始发地或者途经地，拥有包括沉船在内的丰富水下文化遗产。我到广州那年，中国水下考古队刚刚完成对"南海I号"的精准定位和初步勘探，确认是一项重大的水下考古发现，中国国家博物馆因此还在海陵岛专门设立了国家水下考古基地。在这种环境里，我自然也听到了很多水下考古和"南海I号"的故事。但当时却也没太多关注，毕竟宋代考古与我之前研究的新石器时代考古还是差别蛮大的。转眼来到2003年，我国水下考古事业的开创者、水下考古学奠基人，时任中国历史博物馆馆长俞伟超先生来广州就医，我也有机会随领导多次去探望这位受人尊敬的考古学家。先生在病重去世前一个月仍然关心"南海I号"考古的工作进展，并撰文将"南海I号"与英国的"玛丽·罗斯"号沉船并称为"东西辉映，是水下考古发展起来后所有成果中极为明亮的两颗珍珠"。"南海I号"到底是怎样的一艘沉船，能让俞伟超先生如此牵挂。同年，"非典"疫情肆虐广东，我能经常与许多因出差频繁而难得一见的同事一起在单位整理考古资料和交流学习。一次闲聊中，同事讲起国家文物局重启了停办多年的全国水下考古专业人员培训班，但只有20个名额，广东可以选拔2人参加此次培训。或许是曾经的耳濡目染让我对水下考古充满了好奇，也或许是受俞伟超先生等老一辈考古学家对"南海I号"关注的感召，我想尽办法争取到了参加那次水下考古培训的机会。8个月后，当我带着毕业证书回到单位时，"南海I号"整体打捞方案的编制工作已经启动，我也顺理成章地加入了"南海I号"考古队，并在2005至2014年间担任了"南海I号"考古领队，与同事一起承担起"南海I号"的整体打捞、博物馆试掘和正式发掘工作。除此，我还参与了广东省文物考古研究所水下考古研究中心的组建、承担了国家文物局《水下考古工作规程》的编制任务，以及主持了广东内水和沿海

30多项水下考古调查项目，调任广东省博物馆馆长后，也策划过多个跟水下考古有关的展览。

回看自己10年的水下考古经历，最令人难以忘怀的还是"南海I号"整体打捞方案编制和实施的那一千多个日日夜夜。当时，我们计划实施的古代沉船整体打捞在世界上是没有先例的，也没有任何经验可以借鉴，而这样一个全国瞩目的水下考古项目又被要求做到万无一失。不仅如此，项目还一度面临经费不足、技术瓶颈难以克服等方面的重重困难。所幸当时有广东省文化厅领导的坚强支持，有广州打捞局同仁的通力合作，有李岩、崔勇、张松、曹劲等广东省文物考古研究所同事的团结协作，才有了"南海I号"的成功打捞和考古工作的顺利开展。虽然"南海I号"上所发生的故事已是久远的历史记忆，但当代考古人正用自己的努力和汗水续写着它精彩的今生。

本书的出版，同样离不开方方面面的帮助。感谢中央电视台张长虹、《百家讲坛》栏目组孟庆吉的鼓励和支持；感谢广东教育出版社刘师为编辑本书的辛苦付出；感谢广东省文物考古研究院（2022年，原广东省文物考古研究所更名为广东省文物考古研究院）惠允使用"南海I号"的相关文物照片。

谨以此书献给那些为保护水下文化遗产而兢兢业业、默默奉献的中国水下考古人！

船說